教育的生活意蕴

刘铁芳◎著

人民出版社

目　录

前　言

当苏格拉底说"未经审问明辨的生活是不值得一过的"时，他是在告诉人们，哲学其实就是一种个人对自我生活进行审问明辨的活动，它所关切的核心问题，就是一种审慎的生活如何可能。在苏格拉底的世界里，哲学并不是离个人生活很远的事情，哲学恰恰就是个人生活的一部分，哲学就是个人对生活的基本态度。因而，哲学其实是离个人生活最切近的学问。哲学作为爱智慧之活动，正是在个人生活中，通过个人对智慧的追求，而使个人过上一种审慎明辨的、富于德性的生活，以求得人生的幸福与完满。

如果说哲学就是对个人生活的询问，那么教育哲学无疑就是对个人周遭的教育生活的询问，是对什么样的教育值得追求的不断询问。教育哲学的核心问题就是：一种审慎的教育如何可能。教育哲学其实就是我们在教育生活中如何审慎地对待我们的日常教育生活的态度。教育哲学的目标，就是不断地引导我们对究竟什么是好的教育的追求，从而在对好教育的追求中提升我们的教育智慧，提升我们的日常教育生活的品质。教育哲学并无意于把我们的视角引向玄远的概念体系，引向冰冷世界的抽象王国，恰恰是让我们更切近地看待我们身边的教育生活，并在对我们周遭的教育生活境遇的审慎明辨中改善我们的教育生活品质。在此意义上，教育哲学才是真正的实践哲学。

长期以来，教育哲学被等同于抽象的概念体系，以致在许多人看来，教育哲学可能离日常教育生活很遥远，忽视了教育哲学其实恰恰是离日常教育生活最近的，是对日常教育生活中那些司空见惯的问题的深切关注。教育哲学不是让我们远离日常教育生活，而是让我们更真切地回到我们的教育生活世界，更切近地理解日常教育生活，探询日常教育生活背后的奥秘，让我们不仅生活在日常教育生活境遇之中，而且生活在日常教育生活的意义探询之中，生活在"哲学地"探问的状态之中。

本书正是基于我对教育哲学的理解而展开的对日常教育生活的幽微关注。本书试图从我们习以为常却思之不多的教育问题出发，避开体系化、规范化的教育哲学言说方式，抓住当前教育生活的关键词素，逐一探讨。本书从思考人、生活与教育的一般关系问题入手，再从生活的价值、意义、知识、语言、交往、德性、生命情感等视角出发，展开对日常教育生活的探询。后面三章，"说"的教育，旨在以"说"来提升个体对教育活动的真实参与，彰显教育的主体性；对话一章，旨在显明教育者在教育活动之中理想的生存姿态；人性问题，进一步显明我们对待教育中的个体、实际上也是我们对待教育实践活动的理性态度。最后一章"教育如何走向哲学"，乃是对教育与生活问题的整体思考，即教育如何在立足生活的同时，引导教育也引导生活走向更高的形态，同时显明本书的主题：探询一种审慎的教育如何可能。

本书从教育回归生活作为开始，以教育走向哲学作为结束，意在强调这样一种心向：从日常教育生活出发，从日常生活中那些不断纠缠于我们身心的基础性教育问题与要义出发，去对我们的日常教育生活做一种审慎的追思，并且让我们在日常教育生活状态之中，求得一种审慎明辨的教育生活方式。我们的教育实践既需要切实地回归生活，立足生活实践，同时又不局限于生活适应，而是以超越生活、引导生活、创造可能的生活为最终旨归。

　　我从 1996 年前后关注教育与生活问题，其后 10 多年里一直眷顾于此，难以忘怀。本书基本可以反映出我对此问题的整体思考轨迹。其间，我的教育回归生活的主张曾遭遇当时正在南京师范大学做博士后的谭斌女士在部分肯定的同时毫不留情的批评。当时见到她的文章，我心里首先是某种感动，想不到还有人如此关心我的写作。文章直接引了我的三篇文章，还有一篇引自《济宁师专学报》的文章，引了足够 200字，仔细一看，正好一字不差地出自我在《上海教育科研》1997 年第8 期上写的"现代德育的困境与德育向生活的回归"一文。谭文在后面直截了当地指出了我的缺失，包括模仿叶秀山先生的文风。这是实事求是。我对叶先生的文章曾一度痴迷，从《美的哲学》读起，能找到的他的文章基本上都读了，我的文章受到他的影响一点也不奇怪。谭文还论及我有照搬海德格尔话语的痕迹，指出：

　　　　"海德格尔的话语自有其深刻的含义，但将其直接搬来"说"教育，却显得生硬，而且将海氏原本凄凉的、情绪的、日常性的哲学话语转变成为乐观的、抽象的、精神性的人本主义的话语。"①

　　其实，我那时的写作大都是凭借自己的文学敏悟和对教育的直觉，我对海德格尔等人的理解连皮毛也不及，谈不上照搬移植。我曾经一度是个痴迷的"文学青年"，大约从初中一年级开始就喜欢写作，1986 年进入中等师范学校学习，开始了对诗歌的迷恋，一直到大学毕业，十多年的时间几乎一直对诗歌的阅读与写作痴迷、沉醉。所以，我转向教育研究后的思想资源和话语方式的一个重要的基础就是我对文学特别是诗歌的迷恋，尽管我的文学才华平平，写诗的灵气更是欠缺。

---

　　① 谭斌：《论教育学中关于"生活世界"的话语》，《南京师范大学学报》（社会科学版）2001 年第 1 期。

　　本书可以说是我 1990 年以来对教育与生活问题研究的小结。该书 2005 年曾经以《走向生活的教育哲学》为题在湖南师范大学出版社出版，此次修订，更名为《教育的生活意蕴》，对原书有小的改动，增加了《历史与教育》一章，对《语言与教育》一章进行了补充，个别章节做了调整，算是原书的进一步完善。由于本书的文字历时较长，文章的风格有些差异。此次修订稍做修饰，但整体格局并没有大的改变，意在于保留我曾经思考的痕迹。

　　当年的思考现在看来有些稚嫩，但也不乏清新，故冒昧重新整理出版。本书与其说是提供某种教育哲学的知识，不如说是一种思的陪伴，一种共同询问日常教育生活的期待。我深深地知道，要做到这一点，其实是十分困难的。

　　身虽不从，心向往之。

现代教育对生活的疏离与教育向生活的回归

教育是内含于生活过程中的过程。现代教育受现代科技与现代工业的引导走向了疏离生活的道路，个人获得的只是适应现代社会的意义贫乏的技能与规范，而没有获得生活的完满。

把教育还原于人的生活过程，乃是要通过教育实现人的完满生活、好生活。

生活是一个连续的过程，人不可能在生活进程之外同时进行另一个过程。生活既是教育的起点，又是教育的归宿。教育过程内含于生活进程之中。教育过程作为"特殊的生活过程"，乃是受教育引导的个人生活展开的过程。教育指向当下的个人的生活并使教育过程成为充实、饱满的生活过程。

"生活世界中的所有一切都从生命出发来结成一种关系网。"[①] 人在世界中生活，人的生活的展开意味着人与世界关系的展开。教育把人引向人的真实生活，引向人与世界的关联，使个体得以不断拓宽并践行人与世界的关系，使外在于人的世界通过关联而内化为个人的生活世界（本书的"世界"是指涵括历史、文化、传统、制度、自然与人等在内的精神世界、物质世界的总和。"生活世界"是指与个人发生了意义牵涉的世界总和）。人在教育中获得的并不仅仅是对世界的认识，而且是人与世界的有意义的关联。人通过教育而使得世界成为人的生活世界，使人成为世界的人。"世界与人生是一回事。"[②] 人与世界的关系（关于人与世界的关系，赫舍尔提出利用、操纵与理解、欣赏的双重关系，马丁·布伯提出"我—他"与"我—你"的双重关系。本书所言"关系的完满"，不仅是关系的广泛性，而且是关系的双重性）的完满，构成了个人生活的充盈与完满。教育把人引向人的完满的生活、完满的人生。

---

① 刘小枫：《诗化哲学》，山东文艺出版社 1986 年版，第 160 页。

② 维特根斯坦：《逻辑哲学论》5-621，贺绍甲译，商务印书馆 1992 年版。

"教育涉及的活动是为了提高个人的学习、叙述、选择、创造、通讯、质疑和回答质疑的能力，以便他们可以在今天和明天的社会中过有目的的生活，并在这一过程中获得满足。"[①] 教育要培养人的各种能力、品质，但能力、品质并非教育的终极目的。教育的根本目的乃是人的"有目的的生活""满足的生活"、好生活。

一、现代教育对生活的疏离

现代教育与现代科学技术和现代工业生产密切相关，并受其强烈推动与制约，以致远离古典人文教育的传统，远离人自身，也远离了人的真实生活。

（一）教育目的对生活的疏离

教育即培养人。人是完整的存在，人的完整性表现为生活的完整性。教育内在地指向人之为人的完满与生活的完满，这是教育的内在目的，是第一性的、根本的目的。但现代教育一开始就服膺于外在的目的。科学知识的迅速增长，打开了人类的眼界，也打开了人类试图征服世界的欲望之门。"知识就是力量"（培根）。人们获取知识就是为了获取支配自然的力量，而非净化人的心灵。20 世纪科学、技术的崇拜，教育成为科学技术的发展和大工业生产的手段，并成为适应科学技术和社会政治经济发展作为其首要的目的——现代教育在此方面获得的成功是无可比拟的——而忽视了人的精神的培养和整体人格的养成。现代教育从根本上突出教育的政治功能、经济功能，并由此淡化甚至湮没了教育的内在育人的功能，以外在目的取代了教育的内在目的。

---

① 查尔斯·赫梅尔：《今日的教育为了明日的世界》，王静译，中国对外翻译出版公司 1983 年版，第 9 页。

　　"人的整体远在任何能设想的客观化的事物之外。……人的存在可谓是'敞开的'。人总是超过了他对自己所知或所能知的一切。"① 人不等于德、智、体、美等因素的相加，人的内涵远比德、智、体、美等要丰富。人在生活中再现为人，人的生活涵括人的一切。现代教育强调适应科学技术和工业生产需要，故重视人的知识技能、智力的发展和体格的健全；强调人对社会的适应，故重视人的行为规范的训练。两千多年前的亚里士多德提出品格教育、理性教育和体育，成为现代教育分化出德育、智育、体育等多方面的基本范式。今天的教育，从小学到中学、大学，"三好学生"一直是学校、家庭、社会关注的焦点。亚里士多德注重音乐教育，并试图以此为中心去整合品格教育、理性教育和体育，来实现他主张的"文雅教育"和身心和谐发展。但在今天的教育实践中，尽管也强调德、智、体的全面和谐发展，但由于缺乏一种有效的整合机制，使得人的发展虽内容全面却并不和谐。现代考试作为一种特殊的尺度，在很大程度上成为了教育的"试金石"，这使教育的"全面性"不得不大打折扣。学校的教育教学活动更多地围绕考试而展开，与考试相关不大的教育活动只作为调节性缀饰，可有可无。对学生全面、和谐发展的要求并没有贯穿于实际的教育教学之中。现代教育极力倡导的全面发展实际上只强调了行为规范，智力、体格片面发展，以片面目的取代了教育的全面目的。

　　人总是在生活中敞开并展示为人。做人的过程就是人生活的过程，人不可能到他的生活之外去实践人之为人。离开了人的生活，人作为人将无立足之地，他只能被异化、扭曲或者降格。现实的人，总是具体的、整体性的、活生生的，生活中的人不可能被简单规定，更不可被标准化、机械化。现代教育受科学技术和大工业生产冲击，自身也被工业

---

　　① 雅斯贝斯：《雅斯贝斯哲学自传》，王立权译，上海译文出版社 1989 年版，第19 页。

化和技术化。人成了抽象的存在，以统一的教育技术、统一的课程、统一的教育程序，制造成统一的标准的教育成品。人在教育中，其个体性、整体性、具体性和独特性从根本上受到忽视。所以现代教育中的个体，尽管有先进的教育环境和教育技术作为改善其受教育状况的基础，但个体感受的并不是他的真实的个人生活状态的充盈、完满与愉悦，而更多的是压力，是不管他乐意与否都必须不断面临的新的目标、要求与内容。故不能适应此教育模式的个体便自然而然地发生心理的失衡，心理健康问题由此而广泛滋生。现代教育以抽象目的取代了教育具体的目的。

人是流动的存在，是非终极性的存在。"一个人的存在从来不是完成了的，不是最后的。" "做人意味着处在旅途中。"① 人处在做人的过程之中，人的生活历程之中。人不可能一劳永逸地占有某种品质，人的品质是开放性的，它必然随生活的流变而变。现代教育强调各种品质的塑造，并把各种品质的提高作为衡量教育的标准，而没有积极达成品质对于生活的开放性，使品质成了一种封闭性的存在。人在教育活动之前生活着，在教育活动之后也生活着。生活是连续的过程，教育只有当其渗透于人的生活之中才可能实现对人而言的教育的连续性和一致性。教育培养的人的各种品质从根本上说乃是人的生活品质，它们必须回归人的生活，并完善人的生活状态，使人借以走向好的生活。故好生活才是教育的根本目的，培育人的品质只是教育过程中的目标。现代教育的视域恰恰止于各种社会期待的品质、知识结构、思维能力、动作技能、体格体能等，而没有将人的品质的培育始终置于人的生活世界之中，使教育培育的品质都成为活生生的人的生活的品质，成为人的真实的生活智慧与生活精神，去增进人的活力，完善人的生活状态。层出不穷的教育实验始终以求知为核心，求知→更好地求知→愉快地求知（乐学）。但

---

① 赫舍尔：《人是谁》，隗仁莲译，贵州人民出版社1994年版，第38页。

求知又为了什么？求知对于人而言意义何在？"博学并不能使人智慧"
（赫拉克利特）。知识并不等于智慧。故现代教育的个体虽有丰富的知
识技能，却并没有实践个人好生活的完整的能力与品质。现代教育中
的好学生很可能不是一个好人（此处并非与坏人相对的意义），不是
一个健全的生活中的人。教育中的人的品质与实际生活中的人的品质
并不同一。现代教育并没有完成教育中的人的品质向真实的生活品质
的让渡，没有完成知识向智慧的转化，以中间目标取代了终极目的。

（二）教育内容对生活的疏离

源于古罗马理想化教育思想"humanitas"的古典人文学科，是指
古罗马自由民（公民）成熟为"人"所必修的科目，即"七种自由
的艺术"（"七艺"）：文法、修辞、辩证法、算术、几何、天文、音
乐。中国先秦"六艺"：礼、乐、射、御、书、数，"顺先王诗、书、
礼、乐以造士"（《礼记·王制》），也以臻于人性理想化为目标。古
典人文学科，以当时几种基本知识技能的训练，使个体成为那一时代
身心发育可能完善的人。

近代科学的发展刺激了近代工业的诞生，工业的发展又进一步推
动了科学的发展。工业化需要个人掌握足够的科学知识和技能，由此
而带动教育的普及和现代教育的蓬勃兴起。到 19 世纪，科学技术广
泛运用，深入人类生活的诸多方面。人们相信，人类生存和发展的一
切活动都必须依靠科学知识，科学知识能够解决人类的一切问题，甚
至可以把握自己的生命。此情此景，斯宾塞提出："什么知识最有价
值？"自然是实用知识、科学知识，而不是古典的净化人的灵魂的知
识。"这些才艺、艺术、纯文学以及一切组成我们所谓文化之花的东
西，都应该全部放在文化打基础的教育和训练之下。它们在生活中占

闲暇部分。"① 这样，科学教育和技术教育占了主导地位，人文教育退居教育的边缘。

生活需要科学，但由于科学教育强调的是科学知识和技能的掌握，而非科学精神的培育。科学教育培养人以生活技能，但无法触及生活意义与价值。这使教育无法深入生活的底蕴，从根本上改善生活的内在状态，教育与生活达成的只是表层接触。科学教育强调的是人认识世界、改造世界的经验，而不能给人以完整的生活经验，引导人践行充实的人生。"即使一切可能的科学问题都得到了解答，人生的问题仍然毫未触及。"② 退居边缘的人文教育，本来就地位不高，加上人文教育也只注重知识技能的掌握而忽视人的精神的化育。这使得本应亲近生活的人文教育也软弱无力。以科学教育为主导的现代教育不可避免地疏离人的生活，尽管其本意是通过生活技能的掌握而更好地作用于生活，但那只是未来生活的准备，而非当下生活的充盈；只是为了获得生活的入场券，而非生活的完善。

（三）教育过程对生活的疏离

科学主义的浸染使教育日渐科学化、技术化和专门化。由教育者、受教育者和教育影响三要素组合而成的教育过程是一个远离个人真实生活的闭合体系，从计划、组织，到测量、评价，都是为了更好地实现此过程，众多的教育改革也都是为了更好地完善此过程。外在的教育目的是先在地且单向地支配教育过程的展开。由于教育的背景只是个人已有的教育基础，教育并不需要关注真实的个人生活，所以教育的影响难以转化为充盈个人当下生活的力量，教育过程也不可能转化为个人生活完满的过程。受远离生活的教育目的制约，教育遵循

---

① 斯宾塞：《教育论·什么知识最有价值》，胡毅、王承绪译，人民教育出版社1979年版，第31页。

② 维特根斯坦：《逻辑哲学论》6-52，贺绍甲译，商务印书馆1992年版。

的是可能疏离生活的教育内容和教育策略，现实的教育过程便难逃疏离生活的覆辙。

我们强调现代教育对生活疏离，并不意味着现代教育完全代表或者说孕育了一种超出现实生活的理想，事实上我们的教育恰恰缺少了这一点；也不意味着现代教育完全隔离或者远离了生活，我们的教育表面上看确也关心生活，但它关心的只是生活的要素，确切地说是生活技能性要素，而不是整体的完整的生活，关心的是未来成人的生活而不是当下真实的儿童生活。现代教育与生活的疏离意味着教育活动与生活本身的异质，教育中的人与生活中的人分离，教育在无意中遮蔽了人的生活遭遇，个人在教育中获得的并不是整体生活的完满，而是意义贫乏的（对人自身而言）生活技能与行为规范，不是个人的真正的全面发展，而是片面发展。

二、教育向生活的回归

古典时代，在生产力不发达、物质贫乏的条件下，人们可以凭借那一时代的人文教育的涵养实现生活的完满。近现代的科学技术和工业的蓬勃发展，打开了人们的物欲之门，人们想通过物质的满足来赢得生活的幸福。但现实表明，物质的满足决不会必然地给人带来幸福。现代人一方面面临着丰富的物质世界，另一方面却是精神的萎缩。要让现代人放弃科学技术退回到古典时代是不可能的，唯一的出路便是以同样富有的个体精神建构去支配丰富的物质世界，让个体德性相配其拥有的财富，从而让人能真正驾驭物质世界而非沦为物质的工具和奴隶。现代人必须全面反省、重新认识自己的生活，寻找新生活的出路。

1955年，52位获得诺贝尔奖金的科学家发表了著名的《迈瑙宣言》。他们提出："我们相信科学是通向人类幸福之路。但是，我们怀着惊恐的心情看到：也正是科学在向人类提供自杀的手段。"20世纪是一个反思的焦点、是科学和技术，反省的根本则是人类的生存境遇。当现代社会开始反省科学技术究竟给人类的生存境遇带来了什么时，现代教育也应该从根本上反省教育自身究竟给人类生活带来了什么？教育要不要主宰自身、是否可能主宰自身、凭借什么来主宰自身以及在何种程度上主宰自身？为了人类的幸福，教育必须指向人的完整的精神建构，指向人的生活精神与生活智慧。现代教育必然向生活回归。

（一）教育目的向生活回归

1. 还原教育的外在目的，彰显教育的内在目的。亚里士多德早就提出："一切技术，一切规划以及一切实践和抉择，都以某种善为目标。"① 任何活动都有内在目的和外在目的。活动的内在目的是活动自身具有的、其他任何活动不能代替的目的。教育过程作为引导有关个人的品质的现实活动展开、引导个人的生活展开的过程，其内在目的就是此活动中人的品质的完满、个人生活的完满，这是第一性的、根本的目的，不是凌驾于活动之上的外加的目的。这并不意味着排斥教育的外在目的，而是指不应让外在的功利目的湮没了内在目的。教育为政治经济服务必须通过教育的最终产品——完满的人才能实现，故只有实现了教育的内在目的才可能更好地实现其外在目的。而且，从最终意义上说，人生活并不是为了服务于政治经济，政治经济的繁荣却是为了人更好的生活。故置于人的生活过程中的教育过程也应该把人的好生活作为其本意的目的。

2. 还原人于生活，实现教育的全面、具体的目的。教育的对象是人，不是神，更不是机器。人作为整体的人投入生活，在生活中再现为人，并作为人接受来自生活世界的影响。人的完整性与生活的完整性相

---

① 亚里士多德：《尼各马科伦理学》，苗力田译，参见苗力田主编：《亚里士多德全集》第八卷，中国人民大学出版社 1994 年版，第 3 页。

统一。人的内涵有多丰富，人的生活就有多丰富；人有多神秘、复杂，人的生活就有多神秘、复杂；人与生活原本是统一的，不可分离的。教育要培养的人乃是生活中的人、生活着的人、要生活的人。离开人的生活去谈人的教育，等于把人抽象化、简单化；换言之，即把人不当人。教育关注人，即关注人的生活。教育把人引向人的真实的、具体的、完整的生活。

3. 把人引向好生活的追求之中，还原教育目标的非终极性。教育过程是内含于生活历程之中的过程。教育在人的生活过程之中引导人的有关品质的现实活动的展开。教育从来不脱离人的生活谈人的品质，而始终保持品质对生活的开放性与生活对品质的开放性，让人的品质在人的生活展开的过程中获得完美，让完满的品质同时又还原于生活，以增进生活的完满。教育的指向始终是人的好生活，让人在追求好生活的过程中追求好的品质，在追求好品质的过程中追求好生活。

4. 完成教育中人的品质向生活品质的让渡，培育人的生活智慧和生活精神，实现中间目标向终极目的转化。"各种形态的科学，都只是人类智慧的结晶；但不是人类智慧本身。""智慧是'本'，结晶是'末'。无理倒置的代价就是生活的僵化。"[1] 教育并不限于让人接受"智慧的结晶"，而是把"结晶"再重新转化成个体身上活的智慧，它无意于使人生活僵化而是使人生活更"活"。"在风格之上，在知识之上，还有一个东西，一个模模糊糊的东西，好像凌驾于希腊众神之上的命运。这个东西就是力量。"[2] 怀特海所言的"力量"并不等同于培根"知识就是力量"的"力量"。前者是隐在的、指向个人自身的，有了知识并不等于有了"力量"。后者是显在的、指向自然界的，有了知识即有了支配自然界的"力量"。智慧就是这样一种力量，一种创造生活、驾

---

[1]　谢选骏：《荒漠·甘泉》，山东人民出版社 1987 年版，第 43 页。

[2]　华东师范大学教育系、杭州大学教育系编译：《现代西方资产阶级教育思想流派论著选》，人民教育出版社 1980 年版，第 121 页。

驭生活的力量，而纯粹的知识积累只是记忆的堆积。从知识到智慧的媒介是理解。"理解是'一种使我们进入人类世界的理智过程'"。理解是"对意义的领会"，是"对人们心灵的渗透。"[1] 教育始终注重人的理解，理解知识，理解教育，领会教育过程的意义，教育的意义渗透心灵，内化为生活智慧与精神，成为个体内在的不可代替的力量。

（二）教育内容向生活的回归

正如怀特海言："教育只有一种教材，那就是生活的一切方面。"[2] 教育既尊重现代科技与生活息息相关的事实，又关注人的精神需要。教育力求面向生活的完整性，建构人的完整的生活经验。教育为个体提供四个方面的课程：（1）普通课程。涉及阅读、写作、数学、历史常识、科学常识等，旨在通过人类的共同经验发展人的精神与潜能，培养人的素质，引导个体进入种族的共通性。（2）专门课程。涉及职业技术、社会实践、专门知识等，旨在通过职业素养培育人的职业技能，充实人的生活。（3）科学课程。涉及天文、地理、生物、化学、物理等自然学科以及经济学、语言学、心理学、政治学、人类学等社会学科，旨在培养个体的科学精神和科学态度。（4）人文课程。涉及文学、艺术、哲学、历史学等，旨在建构独特的个体精神，培育个体人格，启迪人生智慧，践行人生意义，实现个人生活的完满与人生的充实。[3] 新的课程体系既关注了生活的外在行为的训练，更注重了生活的内在精神的培养，为个人获得走向好生活的真正全面的"力量"奠定了可能与基础。

---

① H.P.里克曼：《狄尔泰》，殷晓蓉、吴晓明译，中国社会科学出版社 1989 年版，第 140 页。

② H.P.里克曼：《狄尔泰》，殷晓蓉、吴晓明译，中国社会科学出版社 1989 年版，第 115—116 页。

③ 金生鈜：《科学教育与人文教育的整合》，《教育研究》1995 年第 8 期。

（三）教育过程向生活的回归

理想的教育把教育过程还原于人的生活过程之中，教育活动的展开以人的生活世界为背景（而不是单纯的知识积累），并时刻指向个人当下生活的充盈（而非与当下生活无关）。人在教育中，意味着人在生活的充盈中，教育过程成了有意义的生活过程，教育活动成为个体此时此刻最佳的生活方式，其他任何一种方式都不可替代。

由于教育与人的生活世界的重合，由教育者、受教育者和教育影响所构成的环路不再是一个封闭结构，而是时刻保持对生活世界的开放性，一方面不断接受生活世界对教育可能发生的影响和对教育的需求，另一方面又不断丰富生活世界的内涵，把人引向与世界的交流，拓展人的生活世界的空间，引导人积极理解人与世界的关系，在此关系的敞开中敞亮生活的真理，获得生活的智慧。个人通过此过程走进了世界，世界也走进了个人。教育的效果绝非限于此回环之内，还看学生如何有效地接受教育的意图和教育影响；更重要的是在此回环之外，个人与整个世界建立的意义"牵涉"。

人的生活表象千差万别，但几乎每个人都须面临相通或相同的内在的生活境遇，希望、失望、离合、悲欢、疾病、死亡、孤独、冷落、烦恼、恐惧、痛苦……由于教育始终关注人的真实生活，故它绝不排斥人的生活境遇，而是把人引向人的生活、引向人的真实境遇中。所以，教育的过程也是一个引导人如何面对生活境遇的过程。教育把人引向与世界的意义关联的过程中也把人引向人的生活境遇，在应对人的生活境遇的过程中激发人的活力、勇气、敏感、坚定、秩序、丰富、淳朴、轻松、诙谐、健康、自由、仁慈、正义……从而逐渐享有完整的生活智慧与生活精神。这些完整的品质充盈于生活，便获得了生活世界的充实；充盈于人生，便获得了人生的充实；充盈于人与世界交流的过程，消除人与世界之间的阻隔，使人践行完满的人与世界的关系。

人是社会中人，生活是社会中的生活，人的好生活的品质离不开社会的品质。故教育的外在目的渗透于内在目的之中，并能通过内在目的的实现而实现（内在目的却不可能通过外在目的的实现而实现，因为它内含于过程之中）。教育始终让其目的内含于过程之中，决不试图凌驾于过程之上，去控制整个过程，使过程陷于僵化，而是从生动的过程中来，又回到生动的过程中去，它就是生动的、活泼的、具体的，而非抽象的、呆板的、单调的。教育目的既处于过程的中心，又时刻指向全过程、渗透全过程，从而真正得以实现目的自身。

回归生活的教育，把教育过程还原于人的生活过程，教育中的人与生活中的人始终统一，让人面对真实的个人生活。人在教育中不仅仅是在学习知识、提高技能，而且是在充盈、完善他当下的生活。人通过教育获得的不仅仅是知识的丰富与行为的改善，而且是获得了生活的智慧与精神，获得全面的生活的力量。

第一章

人 · 生活 · 教育

教育是培养人的，人的问题是教育的核心问题。教育执守何种人的理念，这是甄定一种教育品格的重要尺度，一种教育必须对人的问题予以应答。

人恒在生活中，对人的追问即对人的生活的追问。教育必须善导人生，善导人的生活。

一、人作为一种开放的存在

人是可以言说的存在，又是不可尽说的神秘；现时的人总是一个现实的整体，每个作为整体的人总是独一无二的；作为人意味着去成为人，人在对人的追问中成为人，人总处在未完成之中。

（一）人作为人可以被言说，但又始终无法被说尽

1. 人之可说

人是社会关系的总和（马克思）。"人的本质不是单个人所固有的抽象物。在其现实性上，它是一切社会关系的总和"[①]。人是社会的人，人在各种社会关系中体现出其作为人的特性。人之内涵的丰富依赖于人所践行的社会关系之丰富。

人是非特定化的开放性的存在（兰德曼）。"人的非特定化是一种不完善，可以说，自然把尚未完成的人放到世界之中；它没有对人作出最后的限定，在一定程度上给人留下了未确定性"[②]。人的非特定化奠定了人的最显著的特征："向世界开放"。人作为开放性的存在乃是一种创造性的存在。创造性是人的一种内在的趋向，"它作为一种必然性植根于人的结构中"[③]。

[①] 《马克思恩格斯选集》第 1 卷，人民出版社 1972 年版，第 18 页。

[②] 兰德曼：《哲学人类学》，阎嘉译，贵州人民出版社 1988 年版，第 228 页。

[③] 兰德曼：《哲学人类学》，阎嘉译，贵州人民出版社 1988 年版，第 202 页。

人是位格存在（舍勒）。人之为人乃在于人之位格——一种向上超越的动姿。人不能仅靠自身而成为人，人必须不断超越自我，追求更高的人的存在。"人从不满足周围环境现实，始终渴望打破他的此时——此地——如此存在的界限，不断追求超越环绕它的现实——其中包括自己的当下自我现实"①。

人寻找人之"在"（海德格尔）。"人不是在者的主人"，"人是在的看护者"。人在对"在"（sein/being）的"看护"中抵达"在"的真理。就人的本质在"在"的历史中的展开来说，"人是这样的在者，这个在者作为站出来去在的在，就在于他住在在的近处"，"人是在的邻居"。"人是在的牧者"，人必须不断寻找并看护人之"在"。

人的综合特性。有人综合提出，人的本质主要有八个方面：社会性本质、生物性本质、思维和语言能力、发展的本质、自我肯定的本质、自我创造的本质、追求意义的本质、自由的本质。这众多的"本质"是否真为人之本质，尚可存疑，但人之为人确实具有多方面的特性，甚至还远不止这八条。

2. 人之不可说

"人作为一个整体就像世界作为一个整体一样，是不能成为探索的对象的。每当他被认识时，是他的某些外观被认识，而不是他本身。"②**我们试图言说人，但任何言说都只能说出人的许多，而无法说出人的全部。我们试图界定人，但任何界定都无法真正界定人，或者说无法道出人之本真。**当我们说出人是什么时，我们说出的人就已经偏离了我们欲说的本真的人。

---

① 马克斯·舍勒：《人在宇宙中的地位》，李伯杰译，上海文化出版社 1989 年版，第 43 页。

② 雅斯贝斯：《雅斯贝斯哲学自传》，王立权译，上海译文出版社 1989 年版，第 19、21 页。

（二）此时此刻的人总是一个现实的整体，人的精神统摄人的整体，每个人作为整体的人总是独一无二的

当我们一条条地言说人时，我们实际上是在肢解人。当我们把人抽象为众多要素的组合时，人成了抽象的存在。但此时此刻的人总是一个现实的整体，是一个活生生的人。所以。我们言说出来的人总不可能是现时的人。无论我们用什么方法去分析，都难以避免这一结果。"人的整体远在任何能设想的客观化的事物之外。……人的存在可谓是'敞开的'。人总是超过了他对自己所知或所能知的一切"[1] 系统论早已证明，整体不等于部分之和。人不等于社会性、生物性、思维和语言能力、发展性、自我肯定、自我创造、追求意义、自由等特性的相加。人不等于德、智、体、美的相加。现实的人只是一个含合了德、智、体、美等要素的有机的整体，是一个以精神整合的社会性、文化性、历史性的复杂的存在。

别尔嘉耶夫把人定义为个体人格，提出"个体人格自身即一个基本的整体和统一体"[2]，他强调个体人格的个体性、整体性、潜在性以及它的不可重复、不可置换、不可模拟等特性。"你""我""他"作为现实中的人，可能有许多相通或相同之处，但正如世上没有两个完全相同的面孔一样，"你""我""他"作为整体的人总是独特的、独一无二的。"你"不可能代替"我"。对"你"的认识不可能代替对"我"的认识。没有抽象的"你""我"，现实的活生生的"你""我"总是个别的具体的存在。现实的人不可被简单规定，更不可被标准化、机械化。

---

① 雅斯贝斯：《雅斯贝斯哲学自传》，王立权译，上海译文出版社1989年版，第19、21页。

② 别尔嘉耶夫：《人的奴役与自由》，徐黎明译，贵州人民出版社1994年版，第19页。

（三）作为人意味着去成为人，人的生成离不开对人的追问，人总处在未完成之中

从马克思的"实践"到兰德曼的关于人的"未完成性""向世界的开放"，舍勒的"趋向""动态"，都表明作为人意味着去成为人，意味着去"实践"，去"趋向"，去"看护"，去"牧"。去成为人不是一个单纯的思维问题，而是"我个人热切地介入其中的事实"（克尔凯郭尔）。

"去成为人"包含了双重含义："去"乃是事实，成为人则是结果。"去"是过程，"成为人"是"目的"。"去"是现实，"成为人"是理想。所以，作为人意味着事实与结果的合一，过程与目的的合一，现实与理想的合一。本意的"目的"（Telos）不等于目标，并非经过努力便可一劳永逸地实现，它只可能在过程中体现并被永远追求，作为目的是不可能最终达到并占有的。作为人，只可能去"实践"、去"行动"、去"趋向"、去"看护"，关系永远不会终止，"未完成性"永远不会被完成，人永远必须超越自己，"在"只可惠临而不可被抓握或常驻。所以，作为人意味着永不停息地去"实践"、去"行动"、去"趋向"、去"看护"，意味着创造、更新，不断地超越、提升自我。人总处在完成之中，在成为人的路途之上。

作为事实的"去"必然要受目的导引。但目的不可能自明地展示于事实之中，目的只能在追问中逐渐明晰。去成为人的过程乃是不断追问的过程，在追问过程中展开关系、走出原始的不完善性、瞥见神性、发现"在"的惠临。在追问的过程中发现"人"、认识"人"。"我们认为自己是什么样的人，我们就会成为什么样的人"[1]。作为整体的本真的人是不可言说、不可获知的。但人总是力求获知，人总是力求探问自己的存在。

---

[1] 赫舍尔：《人是谁》，隗仁莲译，贵州人民出版社 1994 年版，第 7、34 页。

去成为人的路绝非一帆风顺，"去"的行动离不开选择。人每时每刻都需要进行选择。对于当下，选择总是唯一的，选择 A 就意味着放弃非 A。但没有哪一次选择是一经选择便一劳永逸的，人还要不断面临新的选择，选择贯穿于过程。人的存在从不是完成时，人的选择也永远不会结束。选择离不开追问，为什么选择 A 而不是非 A？这样选择究竟有何意义？选择没有既成的答案。每一次选择所面临的境遇都是独特的、不可重复的、新异的。人不可能两次踏进同一条河流（赫拉克利特）。所以，选择不可能服从于既定的单一的模式、规范，而必然要追问。每一次选择都是一次追问。人永在选择中，人永在追问中。

二、人在生活中成为人

正如人之可说与不可说，生活亦存在可说与不可说的矛盾；去成为人的过程构成生活事实，人在生活中成为人并展示为人；生活亦不可限定，每个人都有自己的生活，人的生活乃是不可代替、不可重复、独一无二的；人生活着，意味着作为整体的人在生活中，积极去创造、开拓生活，并感受、体悟、认识、欣赏他自己的生活。

（一）生活之可说与不可说

1. 生活之可说

生活与人。人是有自我意识的存在，人不仅生存着，而且是能意识到自己生存着的生存。这种自我意识之中的生存才构成人的生活。只有人才有生活，人是生活的主体。人的生活与动物的生存有着本质的区别。

生活与生存。人生活着必先生存着，生存是生活的前提。但生存并不足以构成生活。生活是人的有意识的生存，是人的生存状态的积极的充盈与展现。人在生存的过程中，积极主动地获得人的本质并展现作为人的存在，此积极的存在过程就是人的现实的生活过程。

生活与行为。生活意味着去行动，但单个的行为并不构成生活。生活意味着整体人在行为之中。人将人投入于生活之中而非人的部分。

生活与创造。人是非特定化和未完成性的存在，人可以从容地自由地选择、创造、开拓自己的生活。生活没有既定的模式。正如人之不可完成，生活亦永不可完成。只有更好的生活，而无完美的生活。生活不可长驻于此，生活意味着"向前生活"（克尔凯郭尔）。向前意味着创造，人生活在创造中，人在创造中生活。

生活与自由。自由是对客观必然性的认识与驾驭。自由意味着人可以自主地践行自己的人生。离开了自由，人就不能倾其身心投入生活，人与行为分离，生活不再是整体的人的生活。

2. 生活之不可说

前面关于生活说了许多，但并没有说出生活究竟是什么。我们试图将生活定义为"人的生存状态的积极主动的展现与充盈的过程"，但我们依然没有说出生活是什么。我们只是说出了生活的某些特性。我们可以说出生活的许多，但我们无法说出生活的全部。生活是什么同样是不可言说之谜。

正是因为生活之不可言说或者不可尽说，人们才必须不断地自由地去寻找、创造自己的生活，在此寻找、创造的过程中去努力地实现人之为人。

（二）人在生活中成为人并展示为人

作为人意味着去成为人，去成为人的过程构成生活事实，人的生存与人的生活相统一。人在生活中寻找自我，发现自我，并力图践行他所发现的自我。人在生活中成为人。

人总是在生活中敞开并展示为人。"只要人是站出来存在的人，人就在，而且就是人。他站出来，站到在的敞开状态中。"① 人总是力图站在他的生活之中，他在他的生活中敞开他之为人，他在他的生活中"在"。离开了人的生活，人作为人将无立足之地，他只能是被异化、被扭曲，或者被降格。

人的生活包容了整个人的存在，所以，人的内涵有多丰富，人的生活亦有多丰富；人有多神秘、复杂，人的生活就有多神秘、复杂；人是怎样的品质，人的生活也必然表现出相应的生活品质。

（三）生活之不可限定

生活总是人的生活。人不可限定，生活亦不可限定。人是创造性的存在，人的创造性展示于人的生活，生活因为人在生活中的创造而不断涌现新的东西，从而使生活丰富、充盈。人的生活总是每个人自己的生活，它是不可代替的。

人的生活境遇受必然性与偶然性双重支配。生活境遇中不断遭遇的偶然性会随时影响到人的生活状态，影响人的创造性的发挥，使人的生活更加扑朔迷离。"我们永远也不可能知道明天生活中会有什么样的新东西，会使人的生活发生什么样的变化"②。人凭借人之为人的特质，自己去把握并适应生活境遇的变化。人在变中生活，在生活中变。

生活永远不可能被完成，所以生活意味着开放，向世界开放，向周围环境开放，向未来开放，也向过去开放，在开放中广接博纳，获得生活的和谐、充实以及生活境界的提升。

开放总是自由中的开放。通常，外力不可能强迫生活开放，只可能引导生活开放。人是生活的主体，也是开放的主体。人依据已有的生活

---

① 海德格尔：《人，诗意地栖居——海德格尔语要》，郜元宝编译，上海远东出版社 1995 年版，第 12 页。

② 托尼亚：《人的意义》，第 231—233 页，参见诺兰：《伦理学与现实生活》，姚新中译，华夏出版社 1988 年版，第 131 页。

经验来体验他周遭的世界。

因为人的生活是开放的，所以，不可能人为地划出一个空间来限定人的生活世界。即使凭借外力可以把人的生活空间封闭起来，但人可以凭借想象生活在一个远远地超越封闭的世界之中。人的生活世界特别是内在的生活世界可以被无限地拓宽。

生活作为每个人的生活，只能由自己负责。一般情况下，外力只可引导人对自己的生活负责，不能代替人对人负责。生活不可被限定，生活亦不可被强迫改变。但"人能通过改变其思想来改变其生活"①。

（四）生活意味着人去生活

生活总是具体的生活事实，在生活之上并不存在抽象的生活。人不可能在生活之外去寻找生活，并遭遇他自己的生活。生活如同人一样也不是一个思维的问题，思考生活不能代替生活。思考生活之思构成生活事实的一部分，但决不足以构成生活的全部。生活亦不可长驻、停止，只要人活着，人就得生活下去。所以，生活意味着去生活。生活是人介入其中的事实，生活总是人在生活中，总是人去经历生活。

"人是一种潜能，是不断涌起的、在生活的每一美好时刻都会以新的光辉展现自己的生命之流。"② 人在生活中，意味着人在行动中，人在创造中，人在展示中。人在生活中实践自我，创造自我，展示自我。人的非特定化与生活的不可限定并行，人在生活中经由创造不断涌现新的"生命之流"，使生活的内涵不断丰富。开放的生活与开放的世界相遇，使生活的外延不断拓宽。人在生活中不断地去丰富人之为人，实践人之为人，并努力成为人。

---

① 戈布尔：《第三思潮：马斯洛心理学》，吕明等译，上海译文出版社 2006 年版，第 166 页。

② 托尼亚：《人的意义》，第 231—233 页，参见诺兰：《伦理学与现实生活》，姚新中译，华夏出版社 1988 年版，第 131 页。

人不仅积极去创造、开拓生活，还能感受、体悟、欣赏他的生活。人不仅在生活中，而且在享受生活中。"'自我实现的人广泛地享受生活的各个方面，而芸芸众生只能享受成功、胜利或经历中的高潮与顶点等偶尔的片刻'。他们从不厌倦生活，他们能够一次又一次地欣赏日出、日落、婚姻、大自然。"① 只有当人生活着并感受到他在生活着，感受到生活中的苦乐忧欢的时候，他才作为人真正地生活着。人在生活中，感受到人之为人，体验为人之乐，并体验现实人生的美好与充盈，从而更积极地热爱生活、创造生活、开拓人生，以此不断获得生活境界与人格的提升。

三、教育关注人即关注人的生活

教育是培养人的活动；教育引导人的生成过程的展开与实现，人通过教育成为人；教育关注人即关注人的生活，人通过教育更好地生活。

（一）教育即培养人

1. 教育是什么。目前，教育学界公认的定义是"教育是培养人的一种社会活动"。在此，"社会"二字是一个模糊概念。如果是从把人"从一个生物实体的人转化为一个社会实体的人"② 这一角度来看，则"培养人"之"人"本身就包含了"社会性"。说教育是一种社会活动，乃是把教育归属为社会活动，而不是言说教育究竟是什么。教育就是培养人。

教育并不是生产力，但通过教育可以提高生产力；说教育是生产力乃是强调教育的经济功能。教育亦不是上层建筑，但教育与社会的

---

① 戈布尔：《第三思潮：马斯洛心理学》，吕明等译，上海译文出版社 2006 年版，第 166 页。

② 王道俊、王汉澜主编：《教育学》，人民教育出版社 1998 年版，第 25 页。

上层建筑密切相关；说教育是上层建筑，乃是强调教育的政治功能、文化功能。说"教育的目的在于发展人的一切天赋和能力"（裴斯泰洛齐）、"教育的唯一工作与全部工作可以总结在这一概念之中——道德"（赫尔巴特）、"它总是在于用一定的方法培养各种倾向、能力、技能、知识、信仰、态度、价值以及品格特性"等（《美国教育百科全书》），都不足以完整地言说教育。教育就是培养人，整体的活生生的人。

2. 教育的首要问题。人们津津乐道的政治功能、经济功能、文化功能能充当教育的首要问题吗？是先有教育的这些功能还是先有教育本身呢？教育在何种程度上体现这些功能？教育何以实现这些功能？为什么具备这些功能的教育培养出来的人并非都有效地实现这些功能呢？原因很简单，即本未立。

教育的首要问题或根本问题即培养人，简言之，即人。教育所谈的人跟其他与人相关的学科所谈的人并不相同。此"人"乃是整体的人，生成中的人，人的生成。人作为教育之本恰恰在对各种功能的关注中匆匆疏漏了。教育的首要问题即人，教育的根本性或内在性功能即人的生成。教育的政治、经济、文化功能当然重要，但决不能因为它们的重要而忽视了首要的功能。"本立则道生"。教育的其他功能都必须经由人而实现。

3. "培养人"的内涵。人之所以需要培养，是因为人还不足以成为人。培养的对象是尚未成为人的人，此为第一层内涵。人通过培养而成为真正的人，培养的目的是人，此为第二层内涵。人从生物实体的人逐渐走向真正的人，这是一个过程，所以培养人是一个过程，此为第三层内涵。从不完善的人到逐渐完善的人，人总是作为一个整体存在，总是具体的、独特的、活生生的人，作为整体的人贯穿教育过程的始终，此为第四层内涵。

（二）教育对人意味着什么

教育即培养人。教育的首要问题是人。那么，教育对人究竟意味着什么？

1. 教育引导人去成为人。人不能仅靠自己而成为人，人需要不断接受外在的影响。人作为开放的存在也可能不断接受外在的影响。此过程即教育。人最终只能靠自己成为人，教育在任何时候都不可能代替人去成为人。教育只能引导人的生成。教育引导人去追问自我，发现自我，实践自我，超越自我，体验并获得人的意义，不断走向人之为人的存在，教育启发并赋予人生以意义。

2. 人恒需接受教育。人的生成是一个过程。人不可能终止在已经形成的状态上，人总处在未完成之中，人不可能被完成。所以，人恒在生成中，人恒需要面对外在的影响，人恒需要接受教育。

3. 教育关注人。在普通人眼里，这似乎是毋庸置疑的，教育当然关注人。但问题并不如此简单。教育关注人意味着教育关注的是整体的人，是个别的、独特的、全面的、活生生的人，而不是抽象的人，不是德、智、体的相加，不是知识的接受器，不是记忆的贮存库。教育关注人，不是关注人的要素。是人在教育中，而非人的部分。"大家一味强调原则，通则，理论和客观学习法。学生个人个别的问题、独特性却没有人理会，这实在是祸害无穷的教育。"[①] 对手段的关注当然是必要的，但教育首先应该关注其对象，关注人，关注每一个人。离开具体的人，原则、方法还有什么意义呢？

4. 教育不能限定人。人"所是"总是超过了人对人的"所知"，如果教育试图以对人的"所知"而限定人的"所是"，教育就会局限人

---

① 孙志文：《现代人的焦虑与希望》，陈勇禹译，三联书店 1994 年版，第 17、117 页。

的全面发展。人是开放性的、创造性的存在，如果教育总以僵化的形式作用于人，教育就会束缚人的自由发展。人是未完成的非终极的存在，如果教育总是把培养的中点当作终点，以目标取代目的，教育就会阻隔人的发展。目的是不能取代的，目的引导教育的方向。人是不可被简单限定的，教育只能引导人全面、自由、积极地生成。教育不能限定人，但教育可以引导人自己去认识自我，追寻自我，规范自我，提升自我。教育引导人自己去成为人，成为他自己的人。

5. 人通过教育而成为人。人通过教育一定会成为人或者说会走向人的存在吗？事实并非如此，有的心理不健康乃至自杀，有的道德败坏乃至与禽兽无异，总之，有人通过教育并没有成为人，并没有成为健全的人。原因何在？在于教育并没有把人当人，并没有真正关注人并积极引导人的生成，人并没有真正在教育中。此种教育并不构成对此种人的真正的教育。许多情况下，我们泛泛而谈的教育并没有对每一个对象构成教育。

"只有受过一种合适的教育之后，人才能成为一个人"（夸美纽斯）。这里，只说了一半，另一半是教育使人成为人。真正的教育不仅是人成为人的必要条件，而且是充分条件，真正的教育把人当人。这样，人在教育中，就意味着人去成为人。人在教育中，就在不断地成为人。人在教育中，就是人。如果人没有接受教育的引导，教育没有影响他，那么他就不在教育中。如果教育没有真正关注并引导人的生成，那么此教育就不是真正的教育。人离开了教育，到哪里去成为人呢？教育如不能使人成为人，那么它怎能称作教育呢？如果人在教育中，教育引导了人的生成，那么人通过教育成为人。

（三）教育关注人即关注人的生活

人是复杂的存在。人不可以被简单归纳。人作为整体的人投入其生活，在生活中再现人，并作为人接受来自生活世界的影响。人的生活涵括了人的一切。人总是生活中的人。离开人的生活去谈人的培育，等于把人抽象化、简单化；换言之，即把人不当人，当我们把人从人的生活中抽离出来，成为我们想象的抽象存在，施以我们想象中的抽象教育，那么，此教育对象在此时的教育中没有被当人看待。教育关注人，即关注人的生活。

1. 教育引导人去生活。生活意味着去生活。教育把人引入人的生活，引导人在生活中展开为人，展示人的积极的生存状态，展示人的创造性，使人的生活经由创造而得以不断丰富。教育引导人向周遭世界开放，从而使人的生活视野不断拓宽，人更多地认识并践行人与世界的关系，使人的生活世界不断充盈。

教育不仅引导人去生活，而且引导人去感受生活，感受生活中的美、善、安宁、和平、正义、自由、健康、诗意等，感受生活的幸福，从而不断地获得生活的意义，并积极创造、践行生活的意义。没有意义的生活，人将空无以致痛苦不堪。教育不仅仅给人以生活技能，更多的是启发人以生活的精神，积极生活的热情。

2. 教育不限定人的生活。人的生活是不可限定的，教育不应该也不可能限定人的生活。生活总是人自己的生活。如果教育总是试图以"应该怎样""必须怎样""不怎样就怎样"的语句规范对象时，教育对象或者是反抗教育，或者是扭曲自己，或者是出于对权威的慑服而木然地接受，总之，都没有转化为人对自己生活的体认。说"应该"是外在于人的，教育要更多地把"应该"转换成"意味着"，转换成内在的要求，"作为人（人的生活），意味着……"意为"因为你（你的生活）是人（人的生活），所以你要……"。教育不限定人的生活，教育引导人去获得生活的意义、对生活价值的认识，并引导人去追求更好的生活，践行生活的意义，实现生活的价值。

3. 人的生活整合人的教育。教育对人的影响是多方面的，存在着多种多样的教育。要使众多的教育都经由人、为了人且进入人，人凭借已有的生活经验去体证、消化、吸收各种教育影响，并转化为内在的生活精神。各种教育，如果没有经生活的整合内化，而只是作为单纯的僵化的信息码贮存于人的记忆之中，那么，此教育并没有使人作为人而受益，单纯的知识堆积跟人本身有什么关系呢？"教育要通过生活才能发出力量而成为真正的教育。"①

怀特海曾经指出："教育的问题就在于使学生通过树木而见到森林。"② 各种教育影响，诸如，德育、智育、美育、劳动教育等，都化为丰富多彩的各具特色的生活智慧与精神进入人当下的生活，经由人的生活而相遇、相融，彼此贯通，共同充盈于个体的生活世界，当不同学科知识、各种教育影响都经过生活的整合而化为生气勃勃的精神进入各人的生活世界并实践彼此汇融时，就能打破各学科知识、各种教育彼此的孤立，人所获得的不再是信息码的简单堆积，而是面向整个生活世界的精神整体，人经由教育而真正受益，这样就实现了"通过树木而见到森林"。人靠精神整合人的存在，靠生活去整合教育影响来获得人的整体精神建构。

4. 人通过教育更好地生活。通过教育，人学会去生活，去经历生活的一切，去创造生活；通过教育，人的生活内涵不断丰富，生活视野不断扩大，生活世界不断充盈；通过教育，人学会感受生活，欣赏生活、享受生活，不断领略并获得生活的意义；通过教育，人的生活品质不断改善，生活境界不断提高，人应对变化的生活智慧与生活精神不断充盈，人凭借它走上积极的新生活之路，践行充实的人生。总之，通过教育，人生活得更好。

但现实的教育并没有很好地实现这一点。越来越多的调查表明，随着受教育程度的升高，心理不健康学生的比例呈上升趋势。原因当然很

---

① 陶行知：《陶行知教育文选》，教育科学出版社 1981 年版，第 267 页。
② 华东师范大学教育系、杭州大学教育系编译：《现代西方资产阶级教育思想流派论著选》，人民教育出版社 1980 年版，第 116 页。

多，但根本的原因在教育。教育是培养人的，本应使人获益，但恰恰是教育缺乏对人的关注，对人的生活的关注。大量的教育活动都是与人之为人、与人的生活并无关联或根本就不去关联的活动。"他们的人格在抽象、空洞的知识里被肢解了，他们觉得受骗，觉得自己没有被人当作人看待。他们想不透所有的功能性知识跟自己的生活未来有什么关系。他们在学业生活上都看不出方向，觉得自己生活在绵延不断的压力下，什么也没学到。"① 文化知识本是生活的结晶，但当我们单纯把它们作为知识传授，而根本就没有顾及它们对于生活的意义时，我们所授的文化知识只是一堆与人无关的僵化的东西，对于人之为人并无意义。《读者》上有一段利奥·巴恩格利亚先生的话："我们整天在干些什么？我们如此忙于传授知识。如果我们没有教给莉亚妮任何她真正需要知道的东西，譬如：如何快乐地活着，如何有个人价值感和自尊心，而单教育给她如何读书、写作、算题，这又有什么用呢？"我们现实的教育并没有真正使人生活得更好，这是一个世界性也是世纪性的问题。

有识之士得出未来的时代将是教育时代的结论。我们究竟以何种教育信念去面对将临的世纪，这需要深入而迫切的思考。不管怎样，把人引向对美好生活的关切，让人更好地生活，这必将是教育的主题，而且将永远是教育的主题，因为它是人类永恒的主题。

---

① 孙志文：《现代人的焦虑与希望》，陈勇禹译，三联书店 1994 年版，第 17、117 页。

第二章

教育作为生活的过程

    任何教育都发生在人的生活之中，教育以人的生活为基础与背景而展开，教育本身即构成了人的生活的部分。教育作为生活的过程乃是一种特殊的生活过程。

    学校教育阶段是人生的一个特殊阶段，儿童生活阶段同样也是人生的一个特殊阶段，恰好两个阶段又并行交错地走在一起，那么作为生活过程的教育对儿童生活的关注便理应成为不可忽略的重要课题。

生活，在汉语中意指："生物为生存、发展而进行的各种活动""生存、活着"①；在英语中，名词 Life 含有"state of existence as a human being"（人生，人的生存状态），动词"Live"意为"have exist-ence as a plant or animal, be alive"（生存，活着）"pass one's life in a specified way"（以某种方式生活）"enjoy life intensely"（享受人生)②。人的生活至少有五层含义：（1）它必然与个体的生存状态相连，英汉双语中均有此含义，人生活着，必然先生存着；（2）它是一种过程，不是静止的，"人们的存在就是他们的现实的生活过程"③，不能用静止的眼光去理解人们的生存状况；（3）它离不开个体的意识与自我意识，没有意识与自我意识不能称之为人，也不能去享受生活、享受人生，生活着，意味着个体能意识到他当下的生存状态，人的生活必然是在人的意识与自我意识中展开；（4）它需要足够的自由，真正的人是作为主体的人或具有主体意识的人，离开了一定的自由，人完全成了不可选择性的机器，就谈不上作为人自己的生活；（5）它与个体的发展相关联，人总是在生活中发展，在发展中生活。因此，我们将生活界定为个体生存状态的积极主动的展现与充盈的过程。

---

① 吴昌恒等：《古今汉语实用词典》，四川人民出版社 1992 年版。
② 《牛津现代高级英汉双解词典》第 3 版。
③ 《马克思恩格斯全集》第 3 卷，1969 年德文版，第 26 页。

一、教育作为特殊的生活过程

随着人的意识与自我意识的发生，个体逐渐开始了作为人的生活。在个体接受正规教育之前，这种生活就已经萌芽了。教育阶段作为个体发展中的特殊阶段，与个体的生活交错。不仅如此，儿童接受教育就是儿童阶段一种特殊的生活方式。在此意义上，我们提出教育乃是一种特殊的生活过程。本节从以下三方面理解教育作为一种特殊的生活过程的含义。

（一）教育不是生活的准备

生活是一个过程，儿童生活与成人生活是这一过程的不同阶段。人出生到这个世界并不只是为了过成人生活，在成人生活之前的一切都是为了准备这种生活。教育的对象是本来就生活着的儿童，教育必然地要纳入儿童当下的生活，成为儿童当下生活的内容。所以，教育不是生活的准备，而应该不断充盈儿童当下生活的内涵，儿童只可能沿着他们当下的儿童生活之路，逐渐走向未来生活。

19 世纪大教育家斯宾塞曾明确指出："为我们的完美生活作好准备，乃是教育所应完成的功能"。[①] 他还提出了 "一个合理的教育次序：直接维持自己生存的准备；间接维持自己生存的准备；父母职责的准备；公民义务的准备；各种高尚娱乐生活的准备。" 显然斯宾塞是在以一种先见的成人化、社会化的生活模式谋略来预定并引导儿童朝向并接受这种属于未来的生活模式。这种观点有两个明显的缺陷：（1）它忽视了真正的人的生活尤其是儿童的未来生活是不可限定、不可全盘计划

---

① 张焕庭主编：《西方资产阶级教育论著选》，人民教育出版社 1979 年版，第 419 页。

的。"人只能自己改变自身，并以自身的改变来唤醒他人。但在这一过程中如有丝毫的强迫之感，那效果就会丧失殆尽"。[1] 人应该是凭着自己对生活理解的逐渐积累与反思走向属于他的真正的人的生活，而不是被牵引着走向一种既定的生活模式。个人的生活源自个人的意愿而不是强制性。"凡是个人出于自由意愿而做之事，都不在计划之内。但是，可以给予一定条件，使人的自发性比在其他条件下更容易发挥出来。"[2] 显然，对儿童未来生活的计划是十分有限的。当人们用一种属于当下的成人化、社会化的生活模式去全盘规划儿童的教育时，已远远地超出了可计划的范围，抹杀了属于儿童的自由。（2）它忽视了儿童受教育就是他们的一种生活方式，把儿童应有的生活与成人化生活等量齐观，从而忽视了儿童生活的特殊性。"成年人只想转变儿童，把他自己当作完善的模范。"家庭关心的是"他们的孩子应该在尽可能最短的时间内获得进入社会生活的护照"。其结果是"儿童所受的痛苦不只是身体上的；在智力活动方面也受痛苦。学习是强制性的，充满了厌倦和恐惧……他们变得懒散、沮丧、沉默、耽于恶习，对自己失去信心，毫无童年时期的快乐可爱的景象。"[3] 这是蒙台梭利对 19 世纪教育的阐述。这种情况在今天的中国依然大量存在。

持"教育是生活的准备"观点的人看不到儿童的生活，看不到儿童在生活，看不到教育是在儿童的生活中展开，并作为一种独特的方式纳入儿童的生活，充盈儿童的生活。在这种教育中，充斥的是各种各样的"训练"，[4] 知识技能训练、道德行为训练等等，而缺乏真正契合于生活着的儿童的教育。

---

① 雅斯贝尔斯：《什么是教育》，邹进译，三联书店 1991 年版，第 26 页。

② 雅斯贝尔斯：《什么是教育》，邹进译，三联书店 1991 年版，第 24 页。

③ 张焕庭主编：《西方资产阶级教育论著选》，人民教育出版社 1979 年版，第420—421 页。

④ 雅斯贝尔斯：《什么是教育》，邹进译，三联书店 1991 年版，第 2、3 页。

（二）教育在儿童生活中展开

儿童的教育总是与儿童的生活并行，儿童是以儿童的方式生活着接受教育，教育不可避免地在儿童生活中展开，儿童生活自然地成了教育的背景。

读沈从文自传中的一些话对我们理解这一点很有帮助。"我幼小时较美丽的生活，大部分都与水不能分离"（他经常偷偷下河洗澡）、"我认识美，学会思索，水对我有极大的关系"。"我一面被处罚跪在房中的一隅，一面便记着各种事情，想象恰如生了一对翅膀，凭经验飞到各样动人事物上去。……想到河中的鳜鱼被钓起离水以后拨刺的情形，想到天上飞满风筝的情形，想到空中歌呼的黄鹏，想到树木上累累的果实"。"我生活中充满了疑问，都得我自己去找寻解答。我要知道的太多，所知道的又太少，有时就有点发愁。就为的是白日里太野，各处去看，各处去听，还各处去嗅闻，死蛇的气味，腐草的气味，屠户身上的气味……"。"若把一本好书同这种好地方尽我拣选一种，直到如今，我还觉得不必要看这本弄虚作假千篇一律用文字写成的小书，却应当去读那本色香具备内容充实用人事写成的大书"。"我不了解家中为什么只要我读书，不让我玩"。① 尽管沈从文受的教育跟当前的教育大不相同，但其中涉及的问题仍然富有深刻的现实意义。从中我们至少可以得到四点启示：（1）儿童在他们的生活中积极主动地发掘出真、善、美的内容，并自然地成为教育的基础，教育总是在这一基础上展开，问题在于教育者是否意识到并善于利用这一基础，加以引导，促其深入；（2）儿童生活中形成的认知、情感、意志上的特征会必然地影响到儿童在教育中的认知、情感、态度特征；（3）儿童生活中激发的各种疑问会成为他们深入探究的动机，不管教育对之采取什么态度，他们总是

---

① 沈从文：《沈从文散文选》，湖南文艺出版社 1992 年版，第 11、13、19、39 页。

带着疑问动机接受教育；（4）儿童自在生活中的各种情趣会成为儿童对教育认识的参照标准，进而对教育产生好恶倾向。

（三）教育本身是一种特殊的儿童生活

生活作为过程，并不会因为走进教育而中断。儿童走进教育，就会力图在教育中展现他们的生存状态。当这种展现遭遇阻碍或顺畅时，便有了他们对教育的喜怒哀乐。不仅如此，教育也会必然地影响他们当下的生存状态。这种影响或是积极地充盈于他们当下的生存状态，或是消极地强迫或控制从而受到他们当下的生存状态的排弃，因而教育进入不了他们内在的生存状态。不管何种情况，儿童在教育中都意味着儿童在生活着，以一种积极充盈的或消极抵抗的，充分自由的或受严格控制的方式生活着。儿童生活是不能全盘控制的，此种情况下，他们的生活表现为或机械顺从，或反抗抵制，二者都使儿童在教育中应有的生活本性被掩盖而无法展现出来。

儿童生活着走进教育，又马上在教育中开始一种特殊的生活。这种特殊性表现在两个方面：其一源于儿童的特殊性，这种生活是儿童的生活，不是成人的生活，尽管它跟成人化的社会生活有许多相似的特征，比如都离不开交往、个体的主体意识等等，但不能把二者等同起来；其二源于教育的特殊性，这种生活不是自在的儿童生活，是教育引导下的儿童生活，在这种受教育引导的生活中，儿童必须不断地超越原有的生活方式，领略并充实新的生活内涵，接受新的生活方式。前一特征要求教育要适应儿童，后一个特征要求儿童要适应教育。教育作为一种特殊的生活过程，实质上是一个教育不断适应儿童的本真、儿童不断适应教育的引导的双向并行与递进的生活过程。

美国教育家杜威（1859—1952）曾明确提出"教育是生活的过程，而不是将来生活的预备"。他主张"学校必须呈现现在的生活"，学校"应把现实的社会生活简化起来，缩小到一种雏形的状态"，"使人们乐于从生活本身学习，并乐于把生活条件造成一种境界，使人人在生活过程中学习"，通过这种生活中的学习实现个体的发展，"生活就是发展；而不断发展，不断生长，就是生活"。① 由上可知，杜威所言的"教育即生活"，乃是强调把社会生活移进学校、课堂，让儿童在这种简化的社会生活中获得经验，通过经验的不断改组和改造获得成长，以使社会生活儿童化，儿童生活社会化，使教育与儿童生活和社会生活相统一。杜威的思想在今天的积极意义是，我们要看到教育与儿童的生活密切相关，不可分割，把教育看成生活的形式，通过各种形式引导儿童的发展。但杜威把教育跟社会生活等同起来，看不到教育对社会生活的超越性；同时，把社会生活简化、缩小为儿童的社会生活并把它视为教育的全部，这种做法一方面使教育简单化，同时也使社会生活简单化，使儿童难以领略到社会生活的实际精神。杜威很深刻地看到了教育对儿童的适应，把教育化为社会生活的形式，让儿童自然地接受教育，对置身于文化传承之中的现代教育的特殊性认识不够，把儿童生活过于理想化，忽略了儿童也应去适应特殊性的教育，他只强调教育是生活过程，没有充分意识到教育乃是一种特殊的生活过程。

我们提出教育是一种特殊的儿童生活，并不是要把社会生活移进学校、课堂用来代表教育，而是要把儿童在教育中的状态看成生活状态，把教育中的行为看作生活行为，这种行为必然要着上儿童的色彩。教育要充分关注并尊重这种行为色彩，同时又要不断地引导这种色彩，朝向更高的境界，使儿童在其中得以超越他现实的存在而逐渐走向新的存在，以新的行为走向新的生活，实现新的生活境界，也实现教育的特殊性。

我们可以归纳教育作为一种特殊的生活过程的含义：**教育的对象是**

---

① 华东师范大学教育系、杭州大学教育系编译：《现代西方资产阶级教育思想流派论著选》，人民教育出版社 1980 年版，第 6 页。

生活着儿童，教育应该充盈当下的生活，而不是生活的准备；儿童生活着走进教育，教育在儿童生活中展开；儿童在教育中以一种儿童本真与教育导引相结合的独特方式生活着。儿童在这一种特殊的生活中得到发展，又在发展中生活着。

二、教育如何充盈人的生活

有一个本不应忽视但却长期忽视的问题：早在几年前，有人对几所大城市在校学生调查，有心理和行为问题的小学生约为13%，初中生约为15%，高中生约为19%，大学生约为25%，随年级升高呈递增趋势；对全国近3000名大、中学生调查发现，42.73%的学生"做事情容易紧张"，55.92%的学生"对一些小事情过分担忧"，47.41%的学生"感觉人与人之间关系太冷漠"，67.62%的学生"在心情不舒畅时找不到朋友倾诉"，48.63%的学生"对考试过分紧张，感到有些吃不消"。① 许多人都提出这是心理健康问题，于是心理健康教育应运而生。我们认为，想要通过专门的心理教育来解决心理问题，乃一种治标而非治本的行为，只要产生心理问题的土壤没有得到彻底改良，心理问题便不可能得到真正的解决。那么，学生心理问题的根源在哪里？根源之一就在教育，即我们的教育究竟给学生的生活带来了什么？教育应该使学生生活得更美好，但为什么随着儿童受教育程度越高，他们的生活状况并没有越来越好反而有下降趋势呢？这便是我们本应该充分关注而长期被忽视的问题。所以，我们很有必要深入挖掘教育所应有的生活意义，探询教育究竟如何充盈个体的生活。

1. 教育应力求逐渐使儿童充分意识到他们是在生活着，并让他们

---

① 《学生心理健康文库·总序》，山东教育出版社。

深入地去感受并感受到他们现时①的实在儿童的生活，从而增进他们对生活的理解与省察，启发他们对生活目的、意义的自我确认，真正培养他们对生活的热爱，激发引导他们积极地创造并享受他们现时或者说当下的生活。

他们生活着，他们有权利也应该"能按照儿童期的心理需要充分地生活"。② 但由于现实环境中儿童缺少了自由展现他们天性的空间，或者由于过早地承受了太多的压力，或者由于缺乏良好的引导，都可能使儿童成为未来成人生活作准备的"小大人"，使他们作为儿童的生活意识被掩盖、压抑而没有充分地发掘、展示出来。第斯多惠的教育名言"教学的艺术不在于传授的本领，而在于激励、唤醒、鼓舞"，③ 旨在要"唤醒沉睡的人"，鼓舞人的"生气勃勃的精神"，我们认为第斯多惠在此正是强调要激励、唤醒、鼓舞儿童的生气勃勃的生活意识与生活精神，激发他们的"真实活泼、沛然充溢的现在"。④ 教育不仅要激发他们的生活意识与生活精神，更要扶植这种意识与精神，爱护儿童纯洁、天真的美好天性，家庭和学校都应为他们提供足够的展现他们天性的生活空间与生活氛围，让他们能真正享有儿童的生活。

在儿童的生活中，不可避免地会有各种各样的遭遇，诸如愉快、痛苦、成功、失败、希望、孤独、冷落、疾病等等。在真实的生活遭遇中，会萌生他们对于生活的多种理解。教育不应对之采取漠然的态度，应该增进这种理解，并引导他们进一步自我省察。苏格拉底指出："没有省察的生活，不是人的生活"。教育应该引导这种省察，让儿童逐渐

---

① 马丁·布伯：《我与你》，陈维纲译，三联书店 2002 年版，第 28 页。

② 《现代西方资产阶级教育思想流派论著选》，人民教育出版社 1980 年版，第 6、29、91、387、116 页。

③ 《现代西方资产阶级教育思想流派论著选》，人民教育出版社 1980 年版，第 6、29、91、387、116 页。

④ 马丁·布伯：《我与你》，陈维纲译，三联书店 2002 年版，第 28 页。

学会在他们的生活中去省察，省察他们当下的生活，在这种省察中确认出生活的目的和意义。苏霍姆林斯基在他创办的帕夫雷什中学里高悬这样的标语："你在咱们学校应该探索的最主要的东西就是生活的目的"。① 心理上的疾病如果不从对生活的深切领悟、对生活目的的确立入手，而只是简单的治疗，显然事倍而功半，于事并无多大裨补。但我们应该明白，任何生活目的都不可能强加于儿童之上，只有从他们对生活的理解出发，从而在内心上确认生活目的与意义，才可能使生活的目的真正成为他们强大的精神力量，去影响他们整个的生活世界。

创造是人的天性之一。儿童生活着，就意味着他们需要创造，属于儿童方式的创造。"尽管个人的扩张及其他造行为受到社会（空间上）和历史（时间）的严格文化限定，但他总是在有限中，遐想着无限；在自我中，包容着宇宙"。② 对于儿童而言，他们完全可以不受严格的文化限定，自由地出入于有限和无限之间，所以天真烂漫的幻想（通常被指责为胡思乱想）成了他们生活的重要内容。在那些成人眼里纯属无稽之谈的童稚的想象中，正蕴含着创新的童真，蕴含着他们对正义、善良、美等人类精神的最初领悟。理所当然，它们不应成为教育忽视的对象，更不应该受到无端指责与打击。罗曼·罗兰说："只要创造才是真正的快乐"。③ 教育应该激发儿童在他们的生活中大胆创造，自我开创自己的新的生活，并充分享受创造带来的生活快乐。

2. **教育应当不断地充盈他们当下的生活世界，开拓他们当下的生活世界，并让他们感受到他们当下生活的充盈与扩展，在对这种充盈与扩展的体验中，感受到生活世界的美好；应当让他们感受到教育是跟他们当下的生存息息相关的活动，是他们的一种生活方式，是他们生活的一部分，从而从根本上激发他们在教育中的主动创造精神与开拓意识，**

---

① 苏霍姆林斯基：《帕夫雷什中学》，教育科学出版社 1981 年版，第 122 页。
② 谢选骏：《荒漠·甘泉》，山东人民出版社版，第 70 页。
③ 《牛津格言集》。

与此同时，提升他们的生活方式与生活境界。

儿童的教育与生活并行。教育应当开启他们当下的生活大门，让他们感受到对他们敞开着的现时生活。他们实际获得的教育影响作为精神之流正不断充盈着他们现时的生活，并成为他们生活世界中的智慧和生气勃勃的精神。这样，就能让他们感受到他们在教育中，他们在生活着，他们的生活在充盈着、丰富着，不同程度的学生都在不同程度地丰富着各自的生活。"如果他确实智慧，他不仅邀请你进入他的智慧之屋，而且把你引向你的心智之门。"① 教育的智慧就在于打开儿童的心智之门、生活之门，让他们即时地积极地获取智慧之思想与生机勃勃的精神，有效地充盈他们现时的生活。陶行知说："教育要通过生活才能发出力量而成为真正的教育"②。我们认为，教育只有成为精神之流进入儿童的生活，并成为儿童生活世界中生气勃勃的智慧和精神，才能真正发出力量而使教育成为真正的教育。

怀特海曾经指出："教育的问题应在于使学生通过树木而见到森林。"③ 要把森林直接呈现给学生显然是不现实的，只可能让学生通过树木去感受森林。要实现这一过渡，关键在于使学生在各门学科中获得的知识技能都内化为丰富多彩的各具特色的智慧与精神，进入学生当下的生活世界（指精神生活世界），在此精神生活世界中相遇、融汇、贯通，共同充盈个体的精神生活世界。这样，儿童从各门学科中获得的精神始终被作为一个不断扩展的精神整体充盈个体的精神生活世界。所以，当不同学科的知识都化为生气勃勃的精神进入各人的生活世界并实现彼此的融汇聚积，而成为面向整个生活世界的精神整体，这样就实现了怀特海所言的"通过树木而见到森林。"

---

① 纪伯伦，散文诗集《先知》。

② 《陶行知教育文选》，教育科学出版社 1981 年版，第 267 页。

③ 《现代西方资产阶级教育思想流派论著选》，人民教育出版社 1980 年版，第 6、29、91、387、116 页。

　　如果儿童能感受到，在教育中，教育影响正不断地转化为身上的生气勃勃的精神，他生活中的思想与智慧在增长着、充盈着，那么教育不再是与他无关的事情，他不再是为父母读书、为升学读书、为奖励读书，而是因为读书就是他此时此刻的充满意义的、充满愉快的、最佳的生活方式。当儿童获得了这样一种感受：我又多了一分对世界的认识，我的生活又增添了一分智慧（而不是我又记住了一个公式、一首诗词），感受自己的生活又丰富了一分，这样的感受会使学生，包括传统意义上的差生①对读书厌烦吗？知识技能并不等于人的精神，它只是人的精神发生的一个必要的基础（并非许多教师所要求学生掌握的全部知识）。只有当知识技能被引向个体的内心，化为个体对世界的认识与思考，并作为活的思想与智慧充盈个体的精神生活世界，这才是个体的生气勃勃的精神。所以，教学应当跟他们现时的生活联系起来，力求以生气勃勃的精神去"激励、唤醒、鼓舞"他们现时的生活，而不是做跟他们当下的生活并不（或者说甚少）相干的知识堆积。

　　3. 教育可以通过引导学生积极地去感受、理解、省察、创造自己的生活，从而为未来生活提供一种儿童自我确认的积极切入自己生活的方式；教育不断地充盈儿童的精神生活世界，这种不断积累的生气勃勃的人的精神奠定了儿童走向未来的精神之路，并作为一种内在的力量去积极地影响儿童对自己未来生活的把握。

　　我们强调教育不是生活的准备，乃是强调儿童未来生活的不可计划性、不可限定性绝非规定性或控制性。教育可以培养儿童作为自己生活主人的主体意识，引导他们决定自己的生活。教育引导儿童去感受、理

---

　　① 成绩差的学生只能说是他对老师要求掌握的知识技能的掌握较差，并不等于他不能从另一些老师认为并不重要的知识中获得启示并内化为生气勃勃的精神，所以，此意义上的差生并非真正意义的差生，假如他同样能从教育中获得生活的精神。这里就有一个新问题，即教师所要学生掌握的知识就是学生应该牢牢掌握的知识吗？学生应该掌握的知识是哪些？考试究竟在考什么或者说能考什么？

解、省察、创造就是为了培养儿童生活的主体意识，让他们以一个生活主人的形象走向他们的未来生活。教育不可能对儿童的未来生活全面负责，但教育可以培养儿童对自己的生活全面负责。如果教育没有注意培养甚至扼杀了儿童作为生活主人的意识，使他们今后不能左右自己的生活，那么教育真的要对儿童的未来承担责任。

教育不可能也不应该规定儿童未来生活的一切，但教育可以为儿童的未来生活奠定精神的基调，从而奠定整个人生的内在生活精神主旋律。教育通过适当的知识技能传授，内化、激发儿童的生气勃勃的精神，并让这种精神不断地充盈儿童的生活世界，从而让儿童以这种不断积累的精神整体作为基础走向未来生活，并成为一种强有力的力量影响他们的未来生活世界。不仅如此，海德格尔提出"人诗意在居住在大地上"，教育还应更多地给予儿童"欢乐、幸福以及对世界的乐观感受"①，为他们将来能"诗意地"生存奠定良好的精神基础。

为奠定儿童这种生活精神的基础，知识与技能的传授是必要的。但儿童必须掌握的知识技能应以儿童的生活精神作为灵魂与核心，生活与技能只是生活精神的外在形式，培养儿童的生气勃勃的生活精神才是教育应关注的焦点。所以，问题在于我们应该传授什么样的知识技能，什么样的知识技能，以什么样的方式能内化为儿童生气勃勃的精神。什么样的知识只需一般了解，什么样的知识技能才需要牢固掌握，教学是重在学习过程的深入还是过程结束之后对知识技能的掌握。考试作为一种学习导向其教育意义究竟何在等等，诸多问题都需要我们打破习惯，作出深入而切实的探索。

---

① 苏霍姆林斯基：《怎样培养真正的人》，教育科学出版社 1992 年版，第 5 页。

第三章

生活的实现与教育的要素

当今教育，可谓大而全，正是这种大而全的教育忽视了什么是教育中最重要的，鱼龙混杂、鱼目混珠的现象随处可见，这恰恰成了教育问题产生的根源。

人生活在世界中，交往、劳作、意义、价值、理想、历史、语言，这些是构成人类生活的基本要素，并且认为，舍弃了其一就意味着舍弃了生活。所以，我们选取它们作为教育的要素，并且认为，舍弃其一就无法构成真正的"人"的教育。

人生活在世界中，这是一切人类活动的根本事实。世界是什么？它根本不是"什么"。世界不是单纯的诸存在者，不是可数或不可数的现存事物之单纯聚积，而是对现实的诸存在者的超越。只有人能作这种超越，所以只有人才可能"有"世界。世界包罗万象，含蕴时空，生机盎然，富于生机的世界是"活的世界"，活的世界孕育着诗意。只有人"有""世界"，只有人才能秉承、领受世界的诗意，在无限的"世界的诗意"中展开诗意生活与人生。

人何以"有""世界"？何以领受"世界的诗意"？"世界"不是"什么"，不是我们观察的对象，我们"在世界中"来"看"这个"世界"，体验这个"世界"，体验"世界的诗意"。"诗意地居住"意味着"体验地居住"。对世界的体验即对人生的体验。"世界与人生是一回事"（维特根斯坦）。人在对"世界"的"体验"中才得以逐渐确立人生活"在世界中"的事实，体验"世界"使人生成为可能。

教育何在？教育的根基何在？人在世界中生活，这是一切人类活动的基础事实，也是教育的基础事实，是教育的起点亦是教育的归宿。教育绝不仅是让人认识世界，而是让人在世界中生活，让人体验"世界"，让人"有""世界"，让人真实地"生活""在世界中"。这是教育的根本性问题。

一、交往

世界养育了人，也养育了万物。人和万物"共存"世界上。人是开放性的存在，人的开放性使人得以与周遭的一切交往，在交往的过程中建立人与世界的活泼丰富的关系。人"诗意地居住",直接地意味着交往地居住。

要"会"交往,人必须不断地去看、去听这个"世界"。但世界并不就是我们"看"的那个"对象"和"听"的那个"声音"。所以,我们常常"看"而不"见","听"而不"闻",故有"盲人摸象""一叶障目,不见森林"之憾。要完整地体验世界,需要我们超越现实的存在者,"举一反三","闻一知十",需要我们"思""想"。"思""想"使人得以超越有限的时空以至于无限,在"思""想"中"心领神会",达到对世界的领悟,心中"有""世界"。

人"有"世界,但并不是"持有""占有",而是真实地"生活""在世界中"。人在世界之中,"我已住下,我熟悉、我习惯、我照料","我居住于世界,我把世界作为如此这般之所而依寓之、逗留之"①。人理解它、欣赏它、亲近它、称谓它、吟诵它、看护它、照料它,而非单纯地利用它、试图操纵它。

"看""听""思""想""理解""欣赏""亲近""称谓""吟诵""看护""照料"都是生活的基本内容。但人并非一生下来就"会"如此这般。"会"的过程乃是教育的过程。教育就是让人学会去"看世界""听世界""思世界""想世界""理解世界""欣赏世界""看护世界""照料世界",就是让人与"世界"交往,在与"世界"的广泛亲密的交往中成就人之为人。

二、劳作

人生活在世界中,接受世界的养育。人还得在世界中有所为,人必须劳作,建设这个"生活的世界",以报答世界的赠予。劳作不仅是人

---

① 海德格尔:《存在与时间》,三联书店 1987 年出版,第 67 页。

生的工具、手段，它就是人的一种存在的方式，就是人生。它不是工具性的，而是存在性的。不是为了生存，所以我们劳作，而是因为我们生存着，所以我们劳动着，劳作就是我们的生存。

人在世界中劳作，留下劳动的"痕迹"，实则留下生存的"痕迹"。劳作不仅使人得以与世界关联，而且得以与历史相衔接。劳作使我们的人生变得丰富，为世界增添光彩，使世界更像"世界"。但人的劳作并不必然地导向人生与世界的美好。由于人的盲目性、短视、局限性的客观存在，人可能"劳"而无"功"，"碌碌"而无为。我们必须探究劳作的意义，尽可能减少盲目性。

我们何以去劳作？任何劳动都需要技术（技巧），技术（技巧）使劳作成为可能。技术（技巧）何来？来自教育。教育何为？教育教人会劳动，教人以技术（技巧），更启迪人以劳作的意义，使人得以"劳作地生活"，"技术（技巧）地"生活在世界中。

三、意义

人在世界中生长、交往、劳作、思想、创造、收获、奉献，人在世界中展开生活与人生。人何以如此？因为意义。人在世界中生活，人把自身与世界都看作有意义的。意义导引人展开生活与人生。人必然地追求意义，意义使生活充实、完满，使人生得以实现。

意义是人与世界的一种关系。"意义来自于人在世界中的牵涉。"①人在与世界的交往中不断拓展人与世界的"牵涉"，人在这种关系的拓展中渐次获得世界与人生的领会，拓展生活与人生的内涵，也拓展了生活的意义。这就是生活，这就是意义！意义就在生活之中，生活意义在于生活本身。

_____

① H.P.里克曼：《狄尔泰》，中国社会科学出版社 1988 年版，第 209 页。

意义不是"看"的"对象"，不是物，意义并不必然地存在于物之中，意义是对物的超越。所以我们不可能像物的获取那样去获致生活的意义。意义在于领会、理解，通过"思""想"，超越到事物所"隐蔽"于其中的不可穷尽性之中，在其中品味，达成人与世界的精神相遇。"'人'的'意义'……是从生活，从'世界'体会领悟出来……"①对于真实的生活而言，没有恒定不变的意义，这一刻生活有意义并不能保证另一刻生活的意义。但"求"也可能"不得"，生活中的生活，故有"扩争"。意义与无意义的抗争就使得生活变得有意义。

教育何为？教育就是引导人去理解生活，理解、领会生活的意义，激励人生不断去追求意义，追求意义的生活、意义的人生。意义是生活永恒的主题，亦是教育永恒的使命，真正的教育引导人意义地生活在世界中。

四、价值

意义关涉价值，人在世界中交往、劳作，人在人的意识之中能动地交往、劳作，并对交往、劳作予以保证。人何以保证人的交往、劳作的意义？依凭价值。意义地生活总是价值地生活。让人诗意地、意义地生活在世界中，这本身就是最大的价值。

人和万物"共在"世界之中，人"在"，万物也"在"，人和万物都"自由自在"。只有人和万物都"自由自在"，才能"共处"，才有人的"诗意地居住"。从根本上说，只有万物"自由"，才有人的"自由"。"诗意地居住"必然是"自由地居住"，人和万物都"自由"。

自由意味着和平，自由地居住意味着和平地居住。"居住设立于和平，意味着和平地处于自由，保护和守护每一事物本性的自由领域之

---

① 叶秀山：《美的哲学》，人民出版社 1991 年版，第 55 页。

中。"① 和平意味着和谐、安宁。

有和谐就会有不和谐，有安宁就会有不安宁。何以调节和谐与不和谐、安宁与不安宁？依凭正义。人与万物都"和平"地"共处"在世界中，这意味着平等，所谓"民吾同胞、物吾与也"。人要履行"保护和守护"的职责，就要善于"听"万物的"声音"，"听"它们的"要求"，这意味着"民主"，"大民主"。

人追求诗意的生活。"一种居住可能是非诗意的，只是因为它在本性上是诗意的。"② 人在非诗意的状态中追求那本性上的诗意的生活，即追求本真的生活，追求生活的真。追求生活的真，意味着追求世界的真，追求世界与人生的"真知"与"灼见"。

诗意的生活即善的生活。中乎德性，臻于至善，这是诗意的源泉，生活的本性要求我们求善。善在本意上即是对生活的一种保护，对世界的保护。我们生活在世界中，我们呵护我们的生活，呵护我们的世界，我们在本意上求善，善乃是人类生活的本性，没有善无以成人之生活。

人在世界中生活，享受并且呵护着"世界"的自由、和平、正义、平等、民主。这不仅是真的生活，善的生活，而且是美的生活。"生活中不是缺少美，而是缺少发现"（罗丹）。美是人类生活的另一重要向度。人在世界中交往、劳作，忙忙碌碌，难免困顿，太多的劳绩遮蔽生活的美，生活的诗意，使人生处于非诗意状态，所以，人需要超越，在美的召唤与浸润中回到那生活的本源，提升生活的境界，进入诗意的生存。

自由、和平、正义、真、善、美，构成人类生活的基本价值。这些价值都是内在的，而非外铄的，是本源的、生存性的。教育就要让人理

---

① 海德格尔：《诗·语言·思》，文化艺术出版社 1991 年版，第 134—135 页。
② 海德格尔：《诗·语言·思》，文化艺术出版社 1991 年版，第 199 页。

解并且体认这些最基本的价值，引导人生去实践这些价值，让人"有"价值地生活在世界中。

五、理想

人生活在世界中，也生活在时间中。人的存在植根于过去，面向未来，人生的过程总是朝向未来，人生总是一种趋向未来的可能性。"'人'在'事实上'是一种'现实性'，但是存在论来看则是一种'可能性'，是一种'存在的可能性'，因而它是面向未来的。"① 人时刻处于对自身的设计与筹划中，人在对自身的筹划中把自身"抛"向未来。人对自身的设计与筹划构成理想的根源。人是一种可能性的存在，人是一种理想性的存在。

真、善、美都不是现成手边的事物，作为一种生活的境界始终超越于具体的事物，让人永远去追求。理想就是人生追求真善美的形式，是人生追求价值与意义的表现。理想通常与事实相联，比如"当科学家"，但理想并不就是事实，理想是对人生的全面筹划，是人生向未来开放的一种积极的状态。真、善、美，是不可穷尽、不可被彻底实现的。理想固然可以实现，但实现此目标时人的"理想"还在。理想作为一种状态、一种境界既源于现实又高于现实，永远让人追求，把人生引向未来，使人生充实，并不断地实现人生的价值与意义。

常言的"胸怀大志"，"大志"往往等同于功利性的目标。目标总是有限的，只有将理想还原成一种无限的追求，才是真正的"大志"，"大"到一生都必须孜孜以求，孜孜以求也不能彻底实现。真正的"大志"始终把人生置于真、善、美，"大"真、"大"善、"大"美，透过现实去把握本真的人生，把人生引向"诗意地居住"的道路。

———————

① 叶秀山：《思·史·诗》，人民出版社 1988 年版，第 169 页。

理想是生存性的，但积极的理想并不会自然地发生。理想何以发生？依凭教育，教育应该树立人生的理想。但教育并不简单地把一个个现实的目标外加于个人，而是启发个人对本真人生的追求，对人生可能性的把握，内在地激发个人对真善美，对人生的价值与意义的追求。

六、历史

人在世界中交往、劳作、创造，人的实践、经验构成了活生生的历史。人生活在世界中，就已生活在历史中。人的任何活动实际上都不是单个人的活动，而是"历史"活动，"历史"教人如何在世界中去听、去看、去思、去想、去劳作、去交往，"历史"教人如何去"做人"。人生活着就总是"历史地"生活着，人不仅是现时的、当下的，而且是时间的、历史的。

人在时间中，人生是有"间"的，这意味着人生的有限性。但历史是活的，是延续的，是无限的。历史中蕴含着价值、意义。人把自身纳入历史中，历史赋予人生以价值和意义。"一个人越是能更多地体验人生，更多地接触到历史保存的经验，他便越是能更多地体味出生活的意义。"① 历史使人生充实，成就人生的伟大。

历史与文化并存。"人文化成"，以"人文"去成就人的历史性。人历史地存在着，人文化地存在着。人通过文化启蒙而进入"世界"，进入"历史"，在文化化的过程打开人生通向"世界"与"历史"的窗口。

文化与知识相联。但文化并不等于知识，文化是知识背后那活的"文明"。历史更不是知识，而是知识背后人的活动、活的经验，是知识后面的真实的生活。

---

① 殷鼎：《理解的命运》，三联书店 1988 年版，第 238 页。

教育何为？教育就是启发人的历史性，让人"历史地"生活在世界中、在时间中。教育离不开知识，但教育应该把知识转化成人生经验，积极地把人生置于历史的关照之中，在历史与文化中拓展人的内涵，人不断与"世界"合一，个体与类合一，人生意义不断充盈，在此过程中造就人生的伟大。

七、语言

人在世界中交往，交往离不开语言，语言赋予交往以共通性而使交往成为可能。人生活在世界中，人生活在语言中，人在语言中去听、去思、去说"世界"，理解"世界"，熟悉"世界"。"正是在语言游戏中，孩子才开始熟悉世界。的确，我们学会的一切事物都发生在语言的游戏之中。"[1] 人以语言为媒去接触世界，领会世界。"本源性'语言'，'词语'的'意义'，既非实物对像镜子般的'映象'，也非主体制定出来的'概念'，而是'事物'本身的'显现'。我们作为有意识的人所视，所听的'世界'，就是这个'意义'的'世界'"。[2]

世界在语言中向人展示"世界"的"意义"，人在语言中领会"世界"的"意义"。人在何种程度上"领略"到语言的价值和意义，便能在何种程度上启发人生的意义。"想象 一种语言就意味着想象一种生活形式。"[3] 进入一种语言，我们"听"它、"思"它、"说"它，依凭它我们得以理解历史，进入传统，理解并拓展对世界的认识，凭借它我们得以相互交流。我们用语言的同时，语言在"用"我们，语言把它的"价值"与"意义"传递给我们，我们在生活中彰显、张扬、延续其价值和意义。

---

① 伽达默尔：《美的现实性》，三联书店 1991 年版，第 157 页。
② 叶秀山：《思·史·诗》，人民出版社 1988 年版，序第 10 页。
③ 引自涂纪亮：《现代西方语言哲学》，中国社会科学出版社 1996 年版，第 582 页。

教育离不开语言，任何教育都发生在语言中，教育应加强对语言的领会，深化语言的意义。

把语言积极地纳入人的生活形式之中，而不是单纯地把语言作为工具，语言就是目的，教育引导人在语言中生活。

当今教育，可谓大而全，正是这种大而全的教育忽视了什么是教育中最重要的，鱼龙混杂、鱼目混珠的现象随处可见，这恰恰成了教育问题产生的根源。我们认为，人生活在世界中，交往、劳作、意义、价值、理想、历史、语言等，这些是构成人类生活的基本要素，并且认为，舍弃了其一就意味着舍弃了生活本身。所以，我们选取它们作为教育的基本要素，并且认为，舍弃其一就无法构成真正的"人"的教育。

第四章

教育与生活的价值

　　教育与生活紧密相关涉，在更深的层面，教育与生活的价值相关涉。一种教育形式，总是内含着某种生活价值的引导。怎样尽可能地敞开个体的价值视野，从小就一步步敞开个体多样生活价值的可能性，这实际上是关涉教育如何善导人生的重要问题。

　　对于向来以"学而优则仕""望子成龙、望女成凤"作为基本教育价值追求的国民而言，阐明教育价值目标的多样性即使不是迫切的，也是十分必要的，特别是随着当前社会发展，人们的生活价值、职业价值等观念的日趋多样化，我们的教育也应该展示其蕴含的生活价值追求的多样性与复杂性，以适应日趋开放的现代社会。

人不仅生活着，而且能意识到自己的生活，人的自由意志支配人的生活行动。人的生活不仅是一种现实性，更是一种可能性。人追求有价值的生活，人的自由意志支配人去追求生活的价值。人作为人生活着，便总在谋求有价值的生活，更有价值的生活。生活即是对价值的追求，对生存的价值筹划，让个体人生成为有价值的历程，成为创造价值、欣赏价值、为价值性所充溢的过程。人生活着，并且体验自我的生活，对生活的价值评判、对可能生活的价值甄选与期盼结伴而行。对价值的敏感性、对生活价值的渴求成为人生之为人生的根本。

以人为中心的教育在更基本的层面与价值问题相关涉，教育的核心问题之一就是以何种方式，施与个体何种生活价值的引导，从而尽可能地敞开个体的人生视野，敞开个体美好生活的可能性，启发个体美好的人生期待，而不是让个体在步入人生的初始历程之中就感到人生的道路越走越窄狭。

一、何谓生活的价值

人追求有价值的生活，人追求幸福的生活、美好的生活。费尔巴哈曾提出，只有幸福的存在才是存在，只有这种存在才是被渴望的可爱的存在，因此"人的任何一种追求也都是对于幸福的追求。"① 生活的幸

---

① 《费尔巴哈哲学著作选集》上卷，第536页。

福即是生活的最基本或根本性的价值，"生活本意在于创造幸福感。"①
当某人认为某种生活值得过或对于其有价值时，这种生活就必定引起他
的幸福感。当某人在生活中找不到一丝幸福感，这意味着此时他生活中
的一切对于此时的他而言已无价值。幸福的生活是人人都向往的有价值
的生活，有价值的生活是人可以从中找到幸福感的生活。"价值植根于
'人生幸福'或者说'美好生活'。如果我们认定某些行为和追求促进
了人生的幸福，那么我们就说它们是正确的、好的、有价值的。"②

（一）生活价值的基本内容

美好的生活离不开一些基础性价值的实现，诸如生命的康乐、幸
福、自由、意义感、友谊、爱、被尊重、知识、自我实现，以及基本的
物的需要的满足。基础性价值实现并不足以达成完满的生活，人是有精
神的，人作为一种精神性的存在要实现完满的生活，还需要精神性价值
的实现，比如真、善、美、良知、希望、独立性、完整、完善、单纯、
丰富、乐观、诙谐、轻松。这两类价值更多地关涉个体生活。人不仅
作为孤立的个体而生活，人生活在群体之中、社会之中，以各种方式
参与社会生活，在社会生活的向度上实现个人生活的社会性价值，如
和平、正义、秩序、民主、参与、合作、分享、忠诚、公民权利和
义务。

生活价值有的是现实性的，如健康、友爱、自我实现、参与、合作
等，有的是超越性的，引导人生境界的提升，比如美、完善、信仰、希
望等；有的是内在性的，只能通过自我内心的理解、体验才能领会，如
真、善、美、爱、自由等；有的是外在性的，有着客观的表达形式，如
物的价值、参与社会政治经济活动而体现出来的价值；有的是个体性

---

① 赵汀阳：《论可能生活》，三联书店 1994 年版，第 20 页。
② ［加］克里夫·贝克：《学会过美好生活》，中央编译出版社 1997 年版，第 3 页。

的，直接关系个体的生存状态，有的是社会性的，涉及个体参与社会生活事务之中的生存样式。各种价值，都包容于个体的真实生活之中。不同层面、不同向度的价值因素关涉的是组成人的完整生活的不同生活样式、生活内容，它们自成价值系统，它们也具有整体性、完整性。整个价值系统中，基础性价值是第一位的、根本性的，但离开了别的价值的实现同样构不成幸福的生活，所有的价值都是重要的，没有某种绝对的价值可以居高临下藐视其他的价值，诸种价值互相牵涉、彼此关联，在共同实现的过程中实现人生的幸福。有哪种价值可以独立地担当起幸福人生的使命呢？绝无。

（二）生活价值即生活本身的价值

在生活之外有没有生活的价值？或许这种提问就有些荒谬，生活价值就是生活的价值，是包容、渗透在生活之中的价值。生活价值承担的主体是生活的人，生活价值的表现域是人的现实生活。人不可能在生活之外去实现他生活的价值。人没有到达的地方，不可能先有人的足迹。人之所至，践履所至。人的生活所及，才会有人的生活价值所及。只有人生活过了，生活着，才会有生活的价值。当我们一条条地谈论人的生活价值时，我们谈论的只是人的可能性生活价值，而不是现实的人的生活价值。

生活通常被分成两种，一种是人类的民族的、群体的、共同的、公共的生活，另一种是个体的生活。有没有离开个体的族类的群体的生活？没有。族类的群体的生活归根到底是由具有某种共同倾向性的真实的个体的生活组合而成，没有虚拟的脱离个体的群体生活，只有一个个真实的个人在生活。人，只有作为个人，才有生活。人的生活可以体现出作为社会成员的生活特性，但人却不可以过标准的、被淘空了个人性的、单纯作为社会的分子的生活。这种生活是不存在的；如果有，必然是被扭曲的。

有没有脱离个人生活的社会性生活价值呢？没有。任何虚拟的可能性价值只有当它被真实的个体所追求、实践、体验、内化时，它才能真正地成为生活的价值，成为个体生活的价值。"只有个人，而不是社会，才能体验美好人生。个人幸福是衡量有价值与否的最终标尺。"①只有内化于个体对幸福生活的追求、为个体生活真实地拥有的价值，才是现实的生活的价值。任何生活价值说到底都是个体性的，一切外在于个体生活的价值设定都是虚设。这并非排斥个体生活价值的社会特性，而是指这种社会特性不能凌驾于个体生活之上从而取代其个人性。社会可以倡导某种可能性生活价值，却不可能强迫灌输。强迫的，不是生活，更谈不上生活的价值。

（三）生活价值的阶段性与平等的可能性

人一旦来到这个世界，便开始了他的人生历程，不管其最初的人生历程意识与否，他都在以一种全然不同于动物的方式生存着，举手、投足、焕发、接受他人的关爱，这足以构成人生的早期的生活。其后，人的自我意识逐渐拓展，也拓展个体生活的时空，个体逐渐开始积极主动地生活，学会自我建构、实现自我的人生历程。从早期儿童生活，到青少年生活，到成人生活，老年生活，直到生命的终点，人的生活是一个过程。不同时期不同的生活形式只是生活在人生不同阶段的不同表现，都是构成人生的部分。人生无非就是在生与死之间的人的生活经历与经验的总和而已。"人生即经验"（梭罗）。正因为人的生活是一个过程，故生活价值并非某一时期的专有名词，并非只有成人阶段的生活才是有价值的生活，生活的价值贯穿于整个人生历程之中。"一个人在一个阶段的生活和在另一个阶段的生活，是同样真实的，同样积极的，这两个

---

① ［加］克里夫·贝克：《学会过美好生活》，中央编译出版社 1997 年版，第 7 页。

阶段的生活，内容同样丰富，地位同样重要。"① 儿童生活阶段是生活价值的启蒙阶段，在这一时期，儿童可以以自己独特的方式去感受、体验生活中的爱、正义、善良、智慧、美、自由、轻松、和谐、希望……从而积极地感受儿童生活的幸福。正是儿童时期对生活价值的广泛、全面、愉悦的体验、欣赏，对幸福生活的感受，奠定整个人生的基础，让人终生难忘，使人变得更有教养，"她的心，不会像没体验过这个奇妙的事情的人那样容易变得冷酷无情"②。儿童生活阶段不仅有价值，而且有特殊的价值。

　　生而为人，人人追求幸福的生活、有价值的生活。生而为人，人人平等，每个人都具有平等的生活价值的可能性，这种可能性与出身、地位、职业、财富、相貌并无必然的联系，并不存在某一部分人生来就配享更高更丰富的生活价值而另一部分人生来就只配享受单一的低层级的生活价值，也不存在某一部分人就一定高于另一部分人的生活价值，大学生的价值就一定高于掏粪工人的价值，知识分子的价值就一定高于农民的生活价值，尽管在现实中确实存在着实际生活价值的差异性，但这种差异性并不是先行设定的，更不是一成不变的。人人都努力追求个人与社会的解放，无非是为了在现实中谋求平等生活价值的可能性，谋求实现个体完满生活价值可能性的平等机会。一个人人都能充分而平等地谋求自我生活价值可能性机会的社会，一定是好的社会。好的社会不仅尊重这种价值追求的可能性，而且予以充分的保障。生而为人，人人都配享幸福的生活，有价值的生活。对某一部分人的可能性生活价值的不尊重，就是对人的不尊重，对个人权利的不尊重。生活总是意味着人自己去生活，生活是不可替代的。生活价值是生活本身的价值，生活价值同样是不可替代的，每个人都只能以其自身的生活事实来确证、实现自

---

① 杜威：《民主主义与教育》，人民教育出版社 1990 年版，第 56 页。
② 康·巴乌斯托夫斯基：《金蔷薇》，上海译文出版社 1980 年版，第 182 页。

我的生命存在和生活价值。一部分人的生活并不是另一部分人生活价值的手段，每个人的生活都自成目的。社会上一部分人生活得有价值并不能代替另一部分人生活的价值，不同个体的生活价值无法均分、赠送、转让。能够转让的不是生活，更不是生活的价值。

（四）日常生活价值与超日常生活价值

人生活着，人就得像一个正常人那样地生活，就得过普通的生活，日常生活，平凡的生活。平凡的生活有没有价值，或者说，平凡的生活有没有可能成为有价值的生活？对于大多数个体而言，他们一辈子忙忙碌碌，辛苦操劳，未跳出日常生活的框架，平庸、琐碎的日常生活几乎成了他们生活的全部[①]。日常生活包容了他们的喜怒哀乐，甚至包容了他们人生的一切。他们的一生就这么平凡也平淡地生活着，他们的生活价值就在这平凡的生活之中。如果说平凡的生活没有价值，日常生活没有价值，那就意味着世界上大多数平凡的人生没有价值。

少数专家（在宽泛的意义上），他们有着超日常生活的生活领域。对于他们而言，是不是只有作为专家的生活事实才有价值，或者说他们作为专家的生活价值就一定高于他们作为日常人的生活价值呢？生活着的个体是评判其自我生活价值的主体，我们不可能用外在的尺度统一规定其高下，预先给生活中的人们设定规范的生活价值标准，让大家依循。应该说，如果以社会为评判的主体，或者说就生活的外在性价值而言，我们可以论出高下，但对于每个人而言，日常生活与超日常生活，常人生活与专家生活，有着同样的生活价值的可能性。

日常生活、常人生活是超日常生活、专家生活的基础，而超日常生活、专家生活则是日常生活、常人生活的拓展与延伸，它们彼此密切相

[①] 有人问山坡上放羊的小孩，放羊为了什么？赚钱。赚钱为了什么？娶媳妇。娶媳妇为了什么？生小孩。养小孩干什么？长大了放羊。

关，不可相互代替。当我们谈论日常生活、常人生活的价值，决不意味着我们就可以贬低超日常生活、专家生活的价值。我们的目的只是尊重日常生活。"日常生活是一个'平面'，它同社会的其他'平面'相比，各有其自己的意义，而且，日常生活这一'平面'要比其他'平面'更加突出，因为'人'正是在这里'被发现'和'被创造'的。"① 人若离开了日常生活，人何以为人？对日常生活价值的尊重就是对人的尊重。生活的价值并不限于日常生活的价值，但如果否认日常生活的价值，就等于否认了生活，否认了生活价值。

承认现实中的每个人都有平等的生活价值的可能性，并不意味着每个人都实际拥有了同样的生活价值，每个人现实的生活价值还得自己亲手去创造。走向现实生活价值的道路各不相同，每个人实现的生活价值也各不相同，人人都以自己独特的方式谋求生活价值的实现，谋求幸福人生和意义人生。

常言"追求生活的价值"，这里的"追求"表达的不只是一种意向，生活价值不是可以"求"来的"东西"，它要靠现实人生中的活生生的创造、行动，靠刚健有为的人生实践。

二、教育对生活价值的启发与引导

人生在世，都追求有价值的生活，追求幸福的生活、美好的生活。人是一种有限性的存在，人在有限的生存中孕育着无限的可能性，也孕育着无限的生活价值的可能性。真、善、美、幸福、正义、自由、和平、健康、爱、希望、信仰、完善、自我实现……都可能成为生活的价值。人生活在世界中，生活的过程无非就是与世界打交道的过程，是不

_____

① 《让日常生活成为艺术品——列菲伏尔、赫勒论日常生活》，云南人民出版社1998 年版，前言。

断地把外在于人的世界变成人的"生活的世界"的过程。人何以"进入"世界？依凭教育。人不仅与世界打交道，而且力求使这种交往成为更有意义的活动，成为个体有价值的、美好的生活形式。人何以去谋求有价值的交往，有价值的生活？依凭个体的价值意识、对价值的敏感性和实现生活价值的能力。人何以具有这种意识与能力？因为教育。

（一）教育意味着对生活价值的引导

教育即育人。"育"的是什么样的人？是生活中的人，生活着的人，要生活的人。生活，总在世界中，育人就是把人引向世界，引向与世界的广泛交往，引导人去认识、体验、理解、欣赏、改造这个世界，使人亲近"这个世界"，依寓"这个世界"，使"这个世界"与人"共在"，使"这个世界"成为对人有意义的、有价值的"世界"，使这种交往成为人的有意义、有价值的生活，引导人努力使世界成为更好的世界，使人的生活成为更好的生活，使人更好地"生活""在世界中"。

教育的原初含义是"引出"，把个体内在的天赋本性引发出来，从自然性引向社会性，从个体性引向总体性，从单一性引向普遍性，从现实性引向历史性，把人的心灵、精神从低处引向高处，从黑暗引向光明，从空疏蒙昧引向充实，把人从无格的自然存在引向有格的社会存在并且不断提升人之格。何以会如此"引出"？"引出"的过程就是把个体引向世界，把世界引向个体的过程。正是世界向人的生命存在的不断涌入，才使得人生充盈；正是人与世界关系的不断敞亮、和谐、完满，才使得人生光明、温暖而走向完满。人在教育中，人在生活中，人、教育、生活都在"世界"中，"世界"的界限即人的界限、生活的界限、教育的界限。

人生是一个历程，教育与接受教育都内含在人的生活历程之中，生活之外没有教育。在此意义上，教育即生活，接受教育就是人的生活的一部分，是构成整体人生的一部分。人在教育中，意味着人这个"在"

和教育一道展开，展开人与世界的关联，展开此时此刻的人与世界的活泼的联系，在此过程中人借以认识世界，理解世界，理解人与世界的关系，理解世界中的事和物，理解时间与空间，理解自我，理解生命，理解人生的价值与意义，获得必要的知识，启发生活的智慧，确立人之格、人的尊严，确立安身立命之根本，人这个"在"便在教育中获得了全面关照和提升，人在教育中实现了新人的不断生成。在此意义上，教育是一种特殊的生活过程，在教育中，人以一种教育导引和自我生成的独特方式生活着。这种生活，称为"教育的生活"。

（二）教育生活的价值性

人生活在世界中，这是教育的基础性事实；引导人更好地生活在世界中，这是教育的本意性目的。"一种相对不可能引起争议的宣称是教育必须引导人们过美好生活"（bring people up to lead a good life）。[1] 教育必须关怀人的生活，这应该是无可争辩的命题。关怀人的生活首先就应该关怀人当下的生活。此时此刻的人在教育中，教育应当关怀此时此刻在此的人之"在"，关心当下的人的真实的生存、生活状态。在当下的教育情境中，个体能真实地感受到真、善、美，感受思想的明晰、自由、博大、高远辽阔，感受到爱与恨，感受到活泼轻松、幽默、诙谐，感受到平等、秩序、尊重、被认知……感受到个体内在的充盈与完满，从而使其心旷神怡、心悦神愉地把自我交付于教育之境，流连其中而不知往返，所谓其乐也融融。教育关照了此时此刻的人之"在"，个体在此时此刻的教育中感受到内在的完满（flourishing），此时此刻的教育对此时此刻的个体而言就是一种"内在的有价值的活动"，[2] 人在教育中的活动就是自由性的、自主性的（antonomous）。人在教育中，如果教

---

[1] John White：*Education and work*，Cassell Press，p.86.

[2] 约翰·怀特：《再论教育目的》，教育科学出版社 1992 年版，第 5 页。

育并没有关照此时此刻的人，以外在的遥远的目标关怀湮没了对当下个体生活的关怀，个体不能从此时此刻的教育中获得一种内在的价值性的完满，这种教育活动对于其而言，就是异己性的、他律性的（heterono-mous），异于此时此刻在此的这个人。

教育就是生活的部分，教育不是生活的准备，教育不是一心一意为未来可能生活价值的实现作准备，教育不是或者说不只是通向未来生活的手段、工具，它就是目的。教育必须承认，此时此刻的教育活动中的人的此时此刻的生活就具有价值的可能性，是应该受到尊重的，教育并不能以"教育"的合法名义来侵夺个体当下的生活，使其去为未来生活作准备。教育应当成为此时此刻的个体的可能生活价值完满的一种特殊方式。当个体感受到以接受教育的特殊方式生活着，并能感受到内在价值的完满，这种教育就成了个体当下的有价值的生活，就真正成了"教育的生活"，这种特殊的活动便在个体目前的整体生活结构中具有不可替代的重要性。

教育不是未来生活的准备，这并不意味教育不能为未来生活作出准备，而是指不能以未来的名义侵夺当下。当教育更好地关注了个体当下的生活状态，同时也就是关注了未来。个体在教育中，如能更广泛、更深入地体验教育生活的价值，便能更多地培育个体的价值敏感性和价值意识，培育积极向上的人生态度和幸福的人生体验，这种经验自然而然就会成为个体生活重要的精神基础。不仅如此，教育还可以直接启发、拓展个体的生活视野和价值视野，培养个体对生活的尊重对生活价值的认同，并引导、激励个体去自我选择、追求、实现可能的生活价值，以谋求个人的完满生活，从而更多地敞亮个体走向未来生活的道路。教育只有更好地关注现在、当下，才可能更好地关注未来。对未来生活的关注不能取代现在的关注。真正的教育、好的教育，不仅对未来生活是有益的，而且它就是有价值的，就充当了个体有价值的生活的重要部分。

（三）人的全面发展与人的价值的完满性

教育旨在培养全面发展的人，人的全面发展说到底就是人与世界关系的全面发展，就是个体在作为完整的人的不同生活向度上都能够彰显、张扬其生命存在的价值，获得其内在价值性的完满。全面、充分、自由发展的人，就是能全面、充分、自由地追求、实现其可能生活价值的人，就是能够积极地谋求完满的有价值的生活、美好的生活、幸福的生活的人。所以，真正的全面发展的教育总是力求更广泛、更多样化地拓宽个体的可能生活价值视野，而不是以某种单一性的价值预设遮蔽其广阔的可能价值视野。教育要培养的人的活力，正在于可能生活价值的广泛性，个体处处能找到可能生活价值的闪光点，从而能更广泛地获得生活的价值性完满和内心的充实与朝气蓬勃。现实中，某种单一的教育形式，比如书本知识、技能的教育，客观地存在某种单一性的价值预设，比如目前的教育体系中，突出求真、成功、自我实现、道德等价值。这些价值当然是十分重要的，但如果教育寓于其中，就会造成在此之外的广泛的可能价值领域的遮蔽。

沈从文曾这样写道："若把一本好书同这种地方尽我拣选一种，直到如今，我还觉得不必要看这本弄虚作假千篇一律用文字写成的小书，却应当去读那本色香具备内容充实用人事写成的大书"。读"小书"固然有读"小书"的可能性价值，但这种价值不应该遮蔽读"大书"的价值，相反是为了更好地引导个体去感受"大书"中的可能性价值。生活世界中不是缺少了可能性生活价值的因素，而是缺少了引导与发现。教育一方面应立足于预设的某种价值，即教育内容、手段中蕴含的可能性价值引导，另一方面又应当不断超越价值预设，把个体引向更广阔的可能性生活价值的天地。

教育要培养的是身心健康的人、健全的人、正常的人，也就是要培养能像正常人那样正常生活的人。换言之，教育的本意并非要培养不同寻常的人，而首先就是要培养平凡的人，作为平凡的人过好可能的平凡生活，在此基础之上再造就其不平凡性。在人与才之间，做人与做专家之间，做人永远处于基础性、根本性、优先性地位。所以，教育应当尊重日常生活的价值，并努力拓展个体日常生活的可能价值视野，从而真正使教育中每一个个体都能通过教育寻找到自身完满生活的可能性。这并不意味教育的价值引导就局限在日常生活，而是指涉这是人生的基础。在此基础之上，教育进一步拓展日常生活的价值，把个体的视线引向超日常生活的价值域，引导个体更充裕地拓展自我人生，拓展其整体生活的价值。

（四）人的个性发展与个人价值选择的自主性

教育的目的不仅是个体的全面发展，而且是个体的有个性的全面发展。"人是一个特殊的个体，并且正是他的特殊性使他成为一个个体，成为一个现实的、单个的社会存在物。"① 每个人都是一个整体性的、独特的、具体的存在，每个人的生活形式也是独特的。尽管每个人客观上存在着平等的生活价值可能性，但每个人实际的价值取向却各不相同，每个人所享有的生活价值和幸福生活的方式也彼此各异，人们不可能按照某种标准的可能生活价值模式来谋求一种标准的价值生活。所谓有个性的全面发展教育，就是在尽可能地敞亮个体的可能生活价值视野的基础上，引导个体自我选择、完善其价值取向，以个人独特的方式去追求生活的价值，引导个体在以自己的方式享受广泛的生活价值完满性的同时，在个别价值取向上谋求更充分而自由的实现。

教育应该启发、激励、尊重各种各样的积极的价值取向，而不是以某种标准的、规范的价值取向来替代个人的价值选择与期望。教育就应该尊重并且引导个体尊重各种可能生活的价值，不同职业、地位、地

---

① 《马克思恩格斯全集》第 42 卷，第 96 页。

域、形式的生活。对于个体而言都存在着平等的价值可能性，教育并不是为了让人们去过一种标准、规范的生活，而是把个体引向多种多样的可能生活，引导每个人过好他的生活，过有价值的生活、幸福的生活。教育必须深信，每一种生活，每一个人的生活，及其价值都是不可代替的。这实际上意味着教育对人的尊重，对教育中的每个人的尊重。

"最好的东西也不能强加给人"（王小波）。最好的生活价值取向也不能强加于人，事实上也并不存在对于个体而言先于其认识和判断的某种现成的"最好的"生活价值，"最好的"生活价值在其积极的创造中，在其刚健有为的人生实践中。教育应突出个体人格的自主生成，让个体自觉地培育、养成自我价值选择意识和选择能力，从而真正成为价值选择的主体。教育要努力拓宽个体的生活价值视野，但并不意味着教育要把所期望的价值体系强加于人，教育只能提供某种引导，加上潜移默化的熏陶。如果某人选择"人生的价值在于个人利益的获得"，我们也不应该以"人生的价值在于奉献"的名义而宣称某人的观念是"错误的"，充其量只能说他觉悟不高。但有一点，既然他自觉地选择了"个人利益的获得"，他就必须在他的生活实践中承担起责任与后果。教育不能强迫其选择 A 价值观，而不是 B 价值观，但教育可以让他认识可能生活价值的广泛性，并引导其作为价值承担的主体而对自己的选择负责。以教育者为代表的教育影响客观上存在着某种价值倾向性，以致造成某种先在性的价值预设。教育一方面应立足于这种预设，但另一方面又应超越这种预设，不让其垄断个体的价值视野，应给个体的价值选择留下足够的自由空间。

（五）独立人格与价值主体的培育

人生活着，人作为一个真实的个体而不只是作为一个社会的分子、标准件生活着，人是自己生活的主体，人应当自我担当自我的生活。教育要引导人过美好的生活，有价值的生活，首先就要立足于培植人的独立人格，引导个体去勇敢地担当起自我生活与人生，成为自我生活价值承载的真实的主体。"天下兴亡，匹夫有责"。如果一个人不能对自己负责，他怎么可能对"天下兴亡"承担起责任呢？教育要培养独立人格，首先就要引导个体自己对自己负责，"我"承担"我"的责任。"一个人，当他撇开那些'我们、我们'的豪言壮语，直观地看待自己作为一个孤独的人（我）的行为时，他就会开始萌生一种真正的、由自己个人负责的责任心。"① 教育应当引导个体建立"我"与"我们"之间的有机关联，在对"我们"的充分体认中凸显一个个真实的"我"，而不是简单地、单纯地把"我"消解于"我们"之中，把个体交付于某种外在的威权，使个体生活成为外在威权的延伸，教育应在突出共性的同时积极化育良好的个体性，突出每个人作为独立的个体的生活，凸显个体生活的价值。

这是否意味着排斥个体的社会责任感，和个体生活的社会性价值呢？"没有个人的人格主体作为根基的那种群体责任感，哪怕它自以为是出自本身的内心（'诚'），也仍然是一种无个性的，甚至是奴化的责任感。"② 真正的社会责任感必然是源自个体真实人格主体担当的责任感。只有真实地关心了个体生活的价值，才能进一步引导个体拓展其价值视野，让个体作为一个真实的个体而不是作为一个淘空了个人性的标准件融贯于群体、社会，融贯于祖国、人类的命运之中，始终作为真实的个体而担当起作为社会一员的角色，后者不是对前者的吞没，而是作为真实个体的生活价值的进一步发扬光大。

教育应该引导个体去过美好的生活，有价值的生活。但有价值的生活和生活的价值并非教育"教"出来的，它最终要靠个体积极的人生实践，靠个体生活的现实创造。教育要极大地激发个体创造生活的热

① 邓晓芒：《灵之舞》，东方出版社 1995 年版，第 115 页。
② 邓晓芒：《灵之舞》，东方出版社 1995 年版，第 117 页。

情，激发个体幸福生活的热望，把对生活价值的追求内在地纳入个体幸
福生活的意向性结构之中，更多地敞亮个体生活及其价值的视野，引导
个体广泛地与周遭的世界进行生动活泼、丰富多彩的富于爱心的交流，
践行充实、温暖而有价值的人生。教育关怀并尊重各种可能的生活，涵
括各种各样正当的生活与人生样式，这意味着教育关怀并尊重了全体
人；关怀并尊重日常生活的价值与超日常生活的价值，这意味着教育关
怀并尊重了作为整体的人，完整的人；关怀并尊重个人对可能生活价值
的选择与创造，这意味着教育关怀并尊重了人的主体性。总而言之，教
育关怀并尊重了生活的价值，意味着教育关怀并尊重了人。

第五章

教育与生活的意义

　　教育的核心问题是人的问题，人的问题的核心是生活意义问题。教育对人生的关照首先是对生活意义的关照，教育必须开启人生意义的大门。教育因为不断敞开人生的意义之门，而使自身成为一种有意义的实践。

　　当代教育面临意义的失落与重建。理论层面，应在深入反思教育存在之根本的基础上构建整合人文与功利的回归生活的教育理论体系；实践层面，应实现由主知教育向生活教育的提升，把智力的开发转换成生命意义的生发，在广泛的交往中把人引入世界。人、世界、教育构成一个真实的意义的世界。

狄尔泰曾经提出，意义（meaning）是"表达式"表达的东西以及"理解"所理解的东西。生活意义就是生活所表达的东西，以及人理解自己的生活所理解的东西。狄尔泰坚决主张，生活"决不意味着其他什么东西"。生活意义就是生活的意义。"生活是生活意义的界限"，①生活意义不能离开生活，生活意义总是人在生活中理解他的生活所获得的关于他的生活的意义。人体验生活意义并介入其中，人在生活意义中生活。生活意义并不是一个纯粹的思维问题，生活意义总是现实的个人生活的活生生的意义。人的生活是一个变化的过程，生活的变化必然会引起人对生活理解的变化，故生活意义亦是活动的、变化的。生活意义不可能一劳永逸地占有、享用，人只能不断地去寻找、体悟、看护、践行、丰富，从而获得现时的生活意义。人因为生活意义的渐次获致而获得人生的富足与完满。

人生活在世界之中，"意义是由主体在生活世界的实践中被授予的。"② 生活意义总是发生并呈现于人的生活世界之中，生活之外无生活意义。自我在生活世界中的积极展示与充盈、个体生存价值的实现、积极和谐的交往实践，都是个人意义生活的基本路径。"人是一切社会关系的总和"（马克思），"意义来自于人在其世界中的（牵涉）……人在世界中的（牵涉）使得他的生活成为有意义的"。③ 人同他人、同

---

① 赵汀阳：《论可能生活》，三联书店1994年版，第84页。

② 胡塞尔：《欧洲科学危机和超验现象学》，张庆熊译，上海译文出版社1988年版。

③ H.P.里克曼：《狄尔泰》，中国社科出版社1989年版，第216页。

环境、同整个世界的交往愈丰富，"牵涉"愈广，人可能获得的生活意义的途径也会愈广阔。

一、人、世界、教育

（一）世界是什么

世界（world），意指 the universe, everything（宇宙，万有，万物）①。世界是物质的，但世界不等于物质。世界不是物的集合。世界是"一切事物的总和"②。"物"拓展于空间，"事"延宕于时间，世界是时间与空间的统一。"事"是有"物"的"事"；"物"是有"事"的"物"；构成世界的"事""物"是不可分割的整体。作为整体的世界不等于部分之和，即世界不能还原为一件件"物"，一个个"元素"。世界的每一物都是世界的产物，是"世界的物"。"世界的物"蕴含、传递、表达着"世界的事""世界的信息"。故每一物，连同它负载的"信息"，构成一个"小世界"。人通过与"小世界"交往去认识"大世界"。

世界总是有"事"的"世界"，"事"是"活"的、开放的，世界亦是"活"的"世界"。"活的世界"蕴含着诗意、美、意义。我们说，世界是诗意的、美的、意义的。世界的诗意、美、意义只向那些懂得这种"诗意""美""意义"的人呈现，它不会自在地呈现。世界呈现在理解并接受它的人面前的是"诗意的世界""美的世界""意义的世界"，而呈现在不理解也不去理解人的面前则只是"物的集合"。所以，不同的人，有不同的世界"观"。

---

① 《牛津现代高级英汉双解词典》。
② 《古今汉语实用词典》，四川人民出版社 1987 年版。

（二）人与世界

动物"有"花，"有"草，"有"山，"有"水，但动物"无""世界"。人不仅有"有"花，"有"草，"有"山，"有"水，而且"有""世界"。"只有人才'有'一个'世界'，动物混同于世界之中，所以'有'是人与'世界'的一个最有力的基础性的关系，……就像世界向我们提供五谷杂粮一样，'世界'、'物质的世界'，不仅是'我（们）'的'物质'的基础，同时也是'我（们）'的'精神'的基础"①。人不仅存在而且能意识到自己的存在，人的"意识"拓宽了存在的内涵并改变了混同于动物存在的本质。人在世界中存在，与世界交往，建立关系，获知人生的意义。从根本上说，人与世界的关系一方面并不是"纯物质"的，因为人不是动物，纯粹地与世界发生占有自然物的关系；另一方面也不是"纯精神"的关系。人具体地实实在在地生活在世界中，人在世界中生长、交往、劳动、思想、创造、收获、奉献，人在世界中展开生活与人生。人"有"一个"世界"，但并不是"持有""占有"，而是"生活""在世界中"。"世界"是人的"生活"的"家园"。

人在世界之中，"我已住下，我熟悉、我习惯、我照料"，"我居住于世界，我把世界作为如此这般熟悉之所而依寓之、逗留之"②。人并非纯粹地"占有""世界"，人理解它、欣赏它、亲近它、称谓它、吟诵它，而非单纯地利用它、操纵它。世界原本是有声有色的活的"世界"，活的"世界"向人展示出它的"活"，人进入这个"世界"并领略其中的"意义"。人"享有"这个"活"的"世界"，领受、欣赏、看护、赞美这个"世界"。"'在世界中'来'看'这个'世界'，'世

---

① 叶秀山：《美的哲学》，人民出版社 1991 年版，第 41、43 页。

② 海德格尔：《存在与时间》，三联书店 1987 年版，第 67 页。

界'就不是静观的'对象',而是'交往'的一个'环节'。"① 人在世界中"繁忙",力图去改造世界,使世界更好地"为人"。要使世界更好地"为人",人亦必须更好地"为世界"。世界不仅是"为人"的,而且是"自为"的。世界只有是更好的"世界",才可能是更好的"人的世界"。人改造世界的"改造"是有限度的,人只能依凭世界的"事"(规律)去改造世界。常言"征服世界","征服"的并不是作为整体的"世界",只是世界中的"物",而不是"物"中的事,不是规律,"世界"并不是一"征服"的"对象"。我们改造"世界",建设"世界",诗意地看待世界,使"世界"更多地富于诗意、美、意义,使世界"世界化",世界便同时在建构人的内在的精神世界、意义世界。人更多地经验、领承"世界"的"诗意""美""意义",更好地、更有意义地生活"在世界中"。在此意义上,使世界"世界化",即使世界"人化"。

人生活在世界中,人与世界之中的他者相遇,当世界之中的他者进入个人的生命存在,并建构个人的精神生命空间之时,世界之中的他者就不再是个体生命之外的陌生的"他",转而成了亲熟的"你",成了个体生命的一部分。个体生命的丰富与完善正是依赖于世界之中的他者对个体生命的不断涌入,从而使得个体生命世界的内涵不断丰富,个体与世界的牵涉愈益广泛而亲近,个体生命也变得富于意义。正因为世界之中的他者一旦变成生命之中的"你",成为与个体生命相依恋的拳拳牵涉,当他者失去,个体生命之所以伤心痛楚,正是因为个体生命世界损失了一部分。在此意义上,我们才可以说:

"谁都不是一座岛屿,自成一体;每个人都是广袤大陆的一部分。如果海浪冲刷掉一个土块,欧洲就少了一点;如果一个海角,如果你朋友或你的庄园被冲掉,也是如此。任何人的死亡都使我受

---

① 叶秀山:《美的哲学》,人民出版社 1991 年版,第 41、43 页。

到损失，因为我包孕在人类之中。所以别去打听丧钟为谁而鸣，它为你敲响。"（海明威：《丧钟为谁而鸣》，扉页引）

（三）人、世界与教育

人与世界的关系是不断发生、发展变化的。人并非一生下来就"有"一个"世界"，就"在世界中"。人对世界的开放性，使人有可能去亲近"世界"，领略"世界"。"世界"启发人的感觉和思维，启发人的思想与精神、情感与智慧，成为人的精神生命的源泉。人在"世界"中交往，被抟塑、被改造、被锻炼。"世界"是一本"大书""活"的"书"；"世界"是一大的"课堂""活"的"课堂"。"世界"培育了"我们"，"世界"使"我（们）"成为"人"。我们在创造"世界"之先，"世界""创造"了我们，世界首先教会我们如何去"创造"。这个过程乃是教育的过程。

教育的过程即把个体带入"世界""之中"，让"世界"逐步成为人生的精神资源，成为"人的世界"，成为"人的生活的世界"。陌生于"世界"的个体受教育导引，逐渐地进入"世界""之中"，让"世界"不断地成为"我"的"生活的世界"。"我""在世界中"生活，"我"的"世界"的品质成为"我"的品质。在提高"世界"的品质的同时也提高了"人"的品质，在"改造""世界"的同时，也改造了"人"自身。

世界本是同一个世界，人却是不同的"人"，人的实际的"生活的世界"千姿百态、各不相同。我们都在世界之内去"看"这个"世界"，"听"这个"世界"，但许多时候许多人却"看"而"不见"，"听"而不"闻"。世界不会自明地彰显世界之为"世界"，只有那些能"看"世界并"理解"世界的人，才能"理解"世界的意义、发现世界的美、领略世界的诗意。教育启发人去"看"世界、"理解"世界、"发现"世界、"体验"世界，从而真正地进入"世界"，"在世界中"生活。

人在世界中，人在教育中，教育要引导人进入"世界"，让世界成为"人的世界"，人和世界都必须"在教育中"，人、世界、教育的相遇相融才使人成为"人"。教育因为揭示"世界"的意义并启发人生的意义而获得自身的意义，世界的意义、人生的意义、教育的意义由此获得统一。

二、从和谐到征服与从人文到功利

文明伊始，人类尚把自身混同于世界之中，依赖自然而生存，世界赐予人们祸福，故初民对世界怀有一种内心的虔敬与畏惧，当然不敢扬言征服世界、征服自然。古希腊前苏格拉底时期，希腊人已开始"把整个自然界看作人和神的伪装、面具或变形"。在他们看来，"人是事物的真理和核心"①。司芬克斯半人半兽的形象表明，人类已经意识到自己和动物之间的差别，已经从自然界、动物间抬起头。但这一时期的思想家们更多看到的是人与世界的统一，如赫拉克利特所言，"世界是亘古岁月的美丽而天真的游戏"②。

普罗泰戈拉的名言"人是万物的尺度"毫不留情地撕开了那"美丽而天真的游戏"。对于苏格拉底而言，作为思维者的人才是万物的尺度（笛卡儿），他提出"认识你自己"。他的思想、人格与行为成为追求知识与美德的楷模，也成为激励人们去认识世界、认识自我的文化先驱。亚里士多德秉承这一精神而成为古希腊文明的集大成者。他把知识加以分类，并奠定了整个西方文化科学知识发展的基础，也由此而开始，"世界"不仅作为研究的"客体"，而且被分割而列入不同的知识

---

① 尼采：《希腊悲剧时代的哲学》，商务印书馆 1996 年版，第 31 页。
② 尼采：《希腊悲剧时代的哲学》，商务印书馆 1996 年版，第 72 页。

范畴视野之中。

分析的智慧带来了西方科学文化的繁荣。中世纪宗教的神秘色彩给自然或世界以某种"附魅"（enchanted），文艺复兴和启蒙运动则把人稳定地移向宇宙的中心，把世界置于科学的关照之中。"知识就是力量"。人类不愿再顺从世界或自然的秩序，而力图征服世界、控制世界，世界不再是负载人生意义与伦理价值的"附魅"的宇宙体系。伴随16、17世纪的科技革命，世界逐渐成为物的集合的场所，一切自然物被统统"去魅"（disenchanted）①。自然界的事物不再与价值、意义相关。它是纯客观的、独立于人的、非生命的。自然被物化、数学化，世界展示为客观物的世界，世界的诗意开始隐退。

人类不断地改造世界，世界也在不断地"改造"人类。人本是世界中的人，是"世界"的人，当人以功利化的心态去应对周遭的世界时，人亦被功利化。"我们同周围大多数人之间只能建立有限的相互介入关系……我们是以实用主义来确定我们同大多数人的关系。"② 我们以实用主义来确定人跟世界的关系，我们同世界同样只能建立有限的相互介入关系。人的世界的简单化，意味着人的简单化。人类处于征服世界、改造世界以改善物质生活条件来赢得"美好生活"的积极进取的热望之中，"批判意识已消失殆尽，统治已成为全面的，个人已丧失了合理地批判社会现实的能力"③，人因此而成为"单向度的人"。

与此同时，人的生活诗意与生活意义缩减。在认识世界、征服世界的进程中高扬的是人的工具理性，"我（们）"始终作为依凭理性来审慎世界的主体，世界始终处于"它之国度"，"我（们）"不可能把自我完全交付其中，沉浸"在世界中"，去体验这个"世界"，领略"世界"的诗意和意义，"我（们）"遂不能凭借与世界的交往来启发个人

① 参考吴国盛：《追思自然》，《读书》1997年第1期。
② 阿尔温·托夫勒：《未来的震荡》，第104页。
③ 马尔库塞：《单向度的人》，中译者序，重庆出版社1983年版。

的生活诗意与意义，意义的失落在所难免。"理论或理智的片面高扬意味着人失去了诗意的存在状态，人不再生活在感性的因而是诗性的自然中，而是在静寂、冷漠、客观的环境中寻生计。"① 不仅如此，现代文明带来的生态失衡、能源危机、战争威胁、核武器的恐惧等构成现代人真实面对的"文明危机"，更加重了现代人的意义危机。

教育是建构人与世界关系的中介。"经验与功用造就人'与'之世界的基本关系。……随着'它'之世界的扩展，人之经验能力与利用能力也持续增长。人越来越多地获致这样的能力：以'学习知识'这一间接手段来取代直接经验，把对'它'之世界的直接'利用'简化为专业性'利用'。人不得不一代代将此种能力传递下去。"② 现代教育一开始就适应了人类开发、利用自然的力量，人始终作为被武装的手段而投入于现代教育之中，功利性成为现代教育的首要特征。功能化的世界，功利化的人生与功利性的教育相统一。

"什么知识最有价值？一致的答案就是科学。"③ 这样，科学教育和职业技术教育占据主导地位，人文教育退居教育的边缘，价值与意义不可避免地为功利所湮灭。现代教育给学生开设了各式各样的课程，但通过教育，学生获得的并不是世界整体的印象，而是支离破碎的知识堆积。学生在其中感受到更多的是知识的压力，没能通过知识而积极地启发世界的意义和启发人生的意义。人在教育中感受不到意义的充盈与生活的完满，亦感受不到教育的意义。世界、人生、教育共同面临意义的失落。

---

① 朱红文：《人文精神与人文科学》，中央党校出版社1995年版，第29页。
② 马丁·布伯：《我和你》，三联书店2002年版，第56—57页。
③ 斯宾塞：《教育论》，胡毅、王承绪译，人民教育出版社1962年版，第43页。

三、回归生活世界：意义的追寻

应该说，人类在近两个世纪内改造世界、征服世界的过程中获得的成功是无可比拟的。人类不仅实现了外在的生存条件的日新月异的改善，而且获得了科学技术的飞速发展，使人类得以将征服世界、改造世界的活动不断推向前进。但与此同时，人的内在生存境遇却并未同步上升。20 世纪的人们，在经济、政治、文化诸层面面临经济与伦理、科学与人文、物质文明与精神文明、传统与现代化、东方文化与西方文化之间的碰撞、冲突、分裂、失衡。"理性与价值所造成的人的异化，在当代主要已不再是肉体的，而是精神的，即人的意义世界的埋葬。"① 深入反思人类的生存境遇，反思人与世界的关系，成为穿越世纪的主题。

随着人类的认识能力的提高，科学文化得到了发展，人凭借科学去认识自然、改造世界，这本无可非议。但随着人们改造世界的成功，科学与理性的作用被无限夸大，从而笼罩了人的整个视野，使人遗忘了就在他身边的生活世界。胡塞尔在《欧洲科学危机和超验现象学》中明确提出，欧洲的科学已陷入深刻的危机之中。这种危机并非具体科学的危机，而是因之而引起的文化危机，是人的危机。人们被实证科学的表面繁荣迷惑，让自己的整个世界观受实证科学支配，理想化的科学世界遂偏离了关注人生问题的理性主义传统，把人的问题排斥在科学世界之外，科学同人的存在分离，科学失去了意义，人在对科学的迷信中亦失去了意义的世界。胡塞尔率先倡导向生活世界回归。在生活中，人和世界保持着统一性，这是一个有人参与其中的、保持着目的、意义和价值的世界。"现存生活世界的存在意义是主体的构造，是经验的、前科学

---

① 何中华：《回到自身：世纪之交的哲学重建》，《学术月刊》1995 年第 10 期。

的生活的成果。世界的意义和世界存有的认定是在这种生活中自我形成的"①。

维特根斯坦提出了"生活形式",通过回归生活形式,把语言从抽象的逻辑王国拉回到日常生活世界之中的意义世界,试图为陷入危机之中的科学世界和人文世界提供一个内在于生活世界之中的意义世界。"他对生活形式的回归实际上就是在寻找被实证主义所遗忘的人的世界和生活的世界","寻找作为生活形式的语言是寻找一个安宁的家"②。

海德格尔把"此在"而非单纯把人作为其哲学的核心。"此在"就是"去存在",就是"在世界中存在"。"在世界之中"就是同世界相亲熟,"熟悉之","依寓之","逗留之"。人们在这个世界中的存在先于主体自我意识。人的存在过程在时间中展开,先于解释、反思、认知。人对自身存在的关心,意味着人关切自己在这个世界中的存在,关切他与世界的各种联系。关切的对象,是包含人类在内的整个的存在世界。这种关切表现在对存在的理解中,就是要求在人的存在与他所处的世界之间建立有意义的联系。

这样,笛卡儿的"我思故我在"的命题被转换成"我在故我思"。"我"先在这个世界中存在,才能在这世界中"思","思"这个世界。不是"在"去回应"思",而是"思"要回归"在";不是人的生活向理性与知识回应,而是理性王国向生活世界回归。"生活"重新作为人与世界的根本的、基础的关系在现代人的视域里凸显出来。人与世界的关系由征服而逐渐转换成平等与对话。"对话关系不仅消解并超越了抽象普遍性对人的统治,使普遍—特殊结构向整体—部分结构转变,而且还消解并扬弃了人的自我中心结构,使人的存在获得

① 胡塞尔:《欧洲科学危机和超验现象学》,张庆熊译,上海译文出版社 1988 年版,第 81 页。
② 尚志英:《寻找家园——多维视野中的维特根斯坦语言哲学》,人民出版社1992 年版,第 198、204 页。

了开放性和创造性。"① 人重新向世界开放，在"附魅"与"去魅"之间，利用、操纵与欣赏、理解之间保持适度的张力，对世界保持适度的"温情与敬意"，以谋求平等与对话，在对话中参与世界意义的生成，并启发、创造人生的意义。

当工业、科学、技术推动教育向前发展时，教育思想领域也始终没有放弃教育意义的追寻。从卢梭、裴斯泰洛齐到福禄培尔，都坚决主张遵循自然的儿童教育，反对压抑儿童的天性，强调教育应发展人天赋的内在力量，把教育的目光指向人自身。19 世纪末 20 世纪初，伴随着"人文科学"的复兴和大发展，教育领域中出现了"人文学科观点"的时代。在德国，以狄尔泰的生命哲学和精神科学方法论为基础，出现了"文化教育学"，反对实证主义、理智主义，坚持以完整的、生成中的人的生命为根据来考察教育现象，主张生命是完整的，教育应培养完整的人格。20 世纪 30 年代实验的、科学的教育，忽视甚至排挤人文学科和人文精神的教育，这一情况促成了 1930 年前后至二战前出现的永恒主义教育运动，明确提出自然主义的、实用主义的和科学的哲学及其在学校中的教育实践（占优势）是不合适的，学校需要有来源于除自然主义哲学、实用主义学说以外的指导价值和标准。二战后，西方物质财富的急剧增长和科学技术的大发展，再度消解了教育思想领域中的人文精神，直至五六十年代，当人们关注全球性的问题时，人文主义的教育学日渐上升到教育理论中的主导性地位。存在主义教育学强调人的主体性、个体性，强调个人的"自我创造""自我设计"和"自然超越"，强烈反对"人格异化"。教育人类学依据哲学人类学和生命哲学的成果，探讨人的"完整的"存在。强调教育应遵循人的天性，关注人并增进人的完满的存在，这在理论上促使教育得以超越功利的趋向，捍卫了教育的意义。应该说，教育哲学的出现，也在一定程度上体现了这种

---

① 何中华：《回到自身：世纪之交的哲学重建》，《学术月刊》1995 年第 10 期。

要求，即教育开始了在哲学的高度来反思教育的方方面面，追寻教育的意义，如奥地利的马丁·布伯和美国的尼勒用存在主义哲学观来说明和解释教育，认为教育的目的和价值在于使人深刻地理解人生，发展人的个性①。

但是，在实践领域，受科学技术和大工业生产推动，教育也被工业化和技术化，以统一的教育技术、统一的课程、统一的教育程序，制造成统一的标准的教育成品，不关心世界与人的价值和意义，服膺于外在的目的，功利性湮没了教育的内在意义，也不去追思教育的内在意义。贯穿教育过程始终的，是如何有效地致知，强调知识技能的学习掌握，并不关心知识技能对于人自身的意义，古典人文教化转换成知识技能训练，并且一直兴盛不衰，甚至还随着教育的技术化水平增强而更趋强化。众多教育改革改来改去大都跳不出主知主义的背景与框架，多具改良色彩。20世纪上半叶的杜威主张教育即生活，把社会生活移进课堂以取代传统的知识教育，可谓彻底的反正，但由于他没能很好地处理教育与知识这一现代教育无法回避的问题而使其发动的进步教育运动难免不了了之。传统主知教育的根基尚十分牢固，人们开始思考"教育改革的限度"（挪威，波尔·达林）。

教育的意义究竟何在，教育何以捍卫自身的意义，教育何以应对人与世界的意义，这些都成为世纪之交的迫切问题。

四、当代教育的命题：意义的重建

人在改变世界的同时，也在塑造人的存在方式，世界的技术化、功用化同时也就是人的生活世界的技术化、功用化，当自然万物越来越少

---

① 参见桑新民：《呼唤新世纪的教育哲学》，教育科学出版社1993年版，第15页。

地作为人的精神生活的伴侣而有机地建构人生存的意义世界，尽管人的活动空间在不断拓展，但人的精神生活的空间并没有同步拓展，反而可能随着人的生活世界的技术化和功用化而日益衰减。教育置于人与世界之关涉之中，人类对世界的征服依赖教育来支撑，人与世界关系的根本改善同样也离不开教育的支撑。教育的发展植根于人类生存的命运，人类的命运与教育密切相关。当人类与世界的生存与发展面临危机时，教育应当积极关怀人与世界关系的改善，关怀人与世界的命运，关怀人生的意义之根基。

长期以来，教育不能主动而有效地选择、消化并汲取社会对教育的影响，教育缺乏这种充分消化吸收的能力。教育目的在教育实践中是不言自明的，或者说不是一个教育问题，而是社会问题，教育的问题就是如何有效地实现此目的。在教育范围内关注的是"怎么做"而缺乏对前提"为什么做"的充分反思。即使教育思想领域提出了合理的教育目的，也没有内化成为整个教育的"声音"，目的与内容、手段、方式、方法彼此脱节。教育科学名目繁多，但大多数只是从不同角度来解释传统的教育视域，并没有充分拓展教育的视野，把教育置于"世界"之中，立足于人与世界的关系来探讨教育的根本问题，反思教育作为一种客观存在其存在本身的根本意义，并由此而展开整个教育理论体系的建构。所以，"繁荣"的背后难免"思想的贫困"。当前，教育的改革必须先从理论层面上，打破先见，突破"限度"，而向"世界"，实事求是，去建构富于时代特色和长远意义的教育理论体系。

教育是培养人的，人的根基在世界。没有"世界"的教育是"无根"的教育。人"在世界中"生活，这是教育的基本事实，是教育的起点，亦是教育的归宿。教育必然地在人与世界的生活关系中展开并经由教育进一步拓展人与世界的关系，把陌生于人的外在的世界转换成人的"生活的世界",引导人去理解世界、欣赏世界、体验世界,积极与世界相遇相融,建构人与世界的活泼、丰富的富于意义的关系,改善人的生活品质,充实生活与人生。完满的世界、完满的生活与人生、完满的教育相统一,世界的意义、人的意义、教育的意义相统一。当代教育应以人的生活为根本立足点,以人与世界关系的改善为根本指向,建构整合人文与功利的向生活世界回归的教育理论体系。

从"学会学习"向"学会生存""学会关心"主题的转换,意味着当代教育开始了一种不自觉的转型。"在文明人那里,随着知识的不断增长和积累,一切都颠倒过来了。认识、知识成了第一性东西,欲求和意志则成了认识的仆从。仿佛人一生下来他的全部生命就是认识世界,对他来说似乎从来就没有一个生存问题……他们受的教育越多,他们的思想就越包裹在一层坚实的知识硬壳之中。……现代文明人对知识的崇拜更为严重,只有当他们的生存被撕开一个裂口,即面临巨大灾难时,他们的目光才会重新回到生存问题上来"①。人们越来越多地经由知识的积累而获得了谋取生存的"力量",人们的自立性越来越高,独立性越来越强,在人们心目中人越来越少地直接依赖于他人,依赖于外在世界,故人也越来越多在疏离他人与世界。人受功利性驱使不断地获取知识,向前探索创造,却遗忘了人的生存本身。教育引导人不断地求知、致知,掌握技能,以顺应于社会,却遗忘了教育究竟是什么,应该做什么。在此意义上,20世纪后期的教育命题"学会生存""学会关心",就不仅仅是一句针砭时弊的口号,而是指涉人类生存命运的关切。它呼吁人关心自我生存,关心他人,关心生存于其中的世界,在此关心中实现人性的复归与完满,也实现教育向自身的回归。

---

① 俞吾金:《问题域外的问题——现代西方哲学方法论探要》,上海人民出版社1988年版,第14—16页。

在实践层面，要完成主知教育向回归生活教育①的转换与超越绝非一夕之功，当前从应试教育向素质教育的转轨可以说是一个全面的开端。

在人类大肆开发自然的同时，自身也成了开发的对象——并非把"开发"作为完善自我的手段而更多地把"开发"作为目的——人类借不断科学化的教育像开发自然那样地开发人力资源②。故知识技能掌握与人力开发是当代教育的核心。当我们要转换主知型教育时，并不是排斥知识技能掌握与智力、体力、心力开发，而是在此基础之上引导学生去理解世界，去"看"世界，去"体验"世界，理解人生，"体验"人生，理解人与世界的关联，在此"理解"中领悟世界的意义，践行教育的意义，启发人生的意义，从而把知识掌握、人力开发与对生活的理解密切结合，知识与人生经验融合，生活自然地整合教育的影响，教育及时而有效地充盈生活与人生。所以，在教育实践中，要把"理解"作为教育关注的核心，在"理解"中实现教育的"内化""潜移默化""人文教化"，把人力开发转换成意义的生发，把知识教育提升为生活的教育。

教育要切实地拓展并深化人对世界的理解，还必须关注交往实践，时刻把人引向与世界的交往，拓展交往的广度与深度，提高交往的品质，在交往中实践人与世界的关系，人经由交往不断地"在世界中"去生活，不断把陌生于人的世界转化成人的"生活的世界"，完善"生活世界"的品质。这样，交往就不仅是教育的一个环节，而且是教育的整个过程，即教育就是为了人与周遭世界去交往，去"打交道"。

---

①　本文所言的生活教育不同于杜威的生活教育，亦不同于陶行知的生活教育。请参考拙作《试论教育与生活》，《教育理论与实践》1986 年第 4 期。

②　从当前名目众多的智能开发工程和儿童从小就要遭遇的繁重"开发"教育可见一斑。

  人在教育中，即人在与世界的交往中，人在理解世界意义的"理解"中。人通过完整地理解世界意义、理解人与世界的关系而启发人自身的意义，故人在教育中即人在意义中。由此，世界、人生、教育彼此关照，交相辉映，构成一个活生生的真实的意义世界。

第六章

知识·人生·教育

　　现代教育原本就是伴随现代知识体系的出现而产生的，现代生活离不开知识与理性的支撑。不管怎样，知识都是我们今天的教育不可回避的主题。

　　人生需要知识的导引，知识可以去除人生的愚昧，但不当的知识也会遮蔽人生。古典教育关注知识对人生的意义，现代教育强调知识的工具价值而忽视知识对于人生的意义，没有完成知识向生活与人生的转换，现代人通过知识的积累反而远离人生。知识应该通向某种比知识更高的力量。

人是未完成的存在，人恒处于未完成之中。作为人意味着去成为人。人必须不断去"在"，在"在"中敞开人之为人，敞开人生。人与人之在"在"并非直接同一。"动物和它的生命活动是直接同一的。……人则使自己的生命活动变成自己的意志和意识的对象"①。人的问题并不在于他是什么，而在于他要成为什么，故称之为"做人"，人是人自己"做"出来的，正如维特根斯坦所言："人是自己心灵的图画"②。

人是非特定化的存在。"自由自觉的生命活动是人的本质特性"③。人自由地成为其所是。正因为如此，人生需要引导。人必须依凭某种引导去"在"，去生活，去展开人生。"引导人生活动，仅仅生活在自然基础上的东西，现在已转换成另一个确定的方向，转变为属于人的本性的确定事实：诸如家庭、国家、传统、工作、技术等等"。文化"提供给人一种变化了的习惯。这相似于动物的周围环境。""文化是人的第二本性；也是人能实现自身本质的唯一的领域。"④ 人是一种文化的存在，人的文化导引着人的生活与人生。

文化化的过程乃是一个教育的过程，故人生需要教育导引，教育导引着人生。但教育又不可能直接引导人生，如若教育想直接导引人生，则意味着教育对人生的简单与粗暴以及教育对自身的背离，因为教育的

① 《马克思恩格斯全集》第42卷，第96页。
② 维特根斯坦：《文化与价值》，黄正东、唐少杰译，清华大学出版社1987年版，第70页。
③ 《马克思恩格斯全集》第42卷，第96页。
④ 格伦：《人及其本质在世界中的地位》，1940年德文版，第75—85页。

目的乃是要人自我去善导自己的人生，教育的僭越会使人一旦离开教育便不知所从，重新受随意性支配。教育只可能通过使人文化化而后通过"文化化"的"文化"去引导人生。此"文化"若要能够引导人生，则此"教育"同样必须面向人生，面向生活。

"文化"往往跟"知识"相提并论。"文化化"的过程在教育中更多地以知识授受的形式表达出来，教育通过启"知"去开导、导引人生。不管何种教育，知识始终不可或缺。

一、知识与美德

柏拉图最先提出，"美德是知识"①，主张用知识去"关心改善自己的灵魂"②，通过知识去"照料人的心魄"。一个人知道美好的事，就会做美好的事。按照苏格拉底的观点，一个真正有知识的人，必然是道德高尚的有识之士，他的行动永远不会偏离正确的方向。"美德是知识"，强调用知识去除人生的愚昧与遮蔽，使人明了人生的真理，去自觉地践行智慧与善的人生。在人类启蒙的时代，苏格拉底与柏拉图看到了知识对于人生的积极作用。亚里士多德不赞成柏拉图说的传授知识能使一个人变好的理论，他强调好的知识并不能一定使一个人好③，换句话说，知识不一定通向美德。实际上，亚里士多德的思想可以说是对柏拉图理论的补充与修正，他看到了问题的另一面，并非任何知识都能去除人生的遮蔽。

西方教育史上，对柏拉图理论矫枉过正的是 18 世纪的卢梭，他鲜

---

① 《西方哲学原著选读》（上册），商务印书馆 1982 年版，第 69、164 页。
② 《西方哲学原著选读》（上册），商务印书馆 1982 年版，第 69、164 页。
③ 佛罗斯特：《西方教育的历史和哲学基础》，吴元训等译，华夏出版社 1987 年版，第 77 页。

明地提出"无知即美德"①。他坚决反对压制儿童个性，束缚儿童的自由，反对强制灌输传统偏见和呆读死记宗教信条，要求教育必须从儿童的天性出发，尊重儿童的自由，让儿童有充分自由活动的可能与条件，把儿童培养成自由的人。实际上，卢梭提出"无知即美德"乃是坚决反对宗教教育对人生的压抑。他并不主张取消任何知识，而是主张"所学的知识要有用处"，"是真正有益于我们幸福的知识"②，意在强调不合理知识只会遮蔽人生，反而使人看不见人生的真理，人通过知识的积累反而远离了自己的人生。卢梭深刻地看到了知识对于人生的消极作用。

　　有趣的是，早在苏格拉底之先，中国的孔子和老子就有了类似的观点。孔子提出君子的人格思想"仁者不忧、知者不惑、勇者不惧"（《论语·宪问》），"智、仁、勇，天下之达德也"。其中，"仁"是核心，引导着人生的方向，"君子无终食之间违仁，造次必于是，颠沛必于是。"（《里仁》）但"仁"离不开"知"。"仁"是"道"形之于内心的体现，而"道"须"学"，所谓"下学而上达"（《宪问》），"达"于对"天命"的"知"，对"道"的"一以贯之"。"知者利仁"，反之，"未知，焉得仁"（《里仁》）。他主张用学问的修养来涵养人生，提出"好仁不好学，其蔽也愚；好知不好学，其蔽也荡；好信不好学，其蔽也贼；好直不好学，其蔽也绞；好勇不好学，其蔽也狂"（《阳货》），"仁""知""信""直""勇""刚"六种美德都需要"学"去充实、引导，以免出现"愚""荡""贼""绞""乱""狂"的偏蔽。孔子一生致力于学"道"，体"道"，行"道"，弘"道"，最后达于"从心所欲不逾矩"的人生境界，"学"使其达于人生之"知"，进于人生之"道"，免除人生的遮蔽。

----

① 参见朱红文：《人文精神与人文科学》，中央党校出版社1995年版，第69页。
② 卢梭：《爱弥儿——论教育》，李平沤译，商务印书馆1978年版，第214、257、280、283页。

　　执于另一端的老子开宗明义地提出"道可道，非常道；名可名，非常名。"（《老子》，第1章）"道"乃是不可明说的东西，或者说它不是一个可说的"东西"。既然不可明说或者不可说，那它就不可刻意去"学"，因为所"学"之物必定不是"道"本身，所以他认为"为学者日益，为道者日损"，"大道废，有仁义；智慧出，有大伪。"当"道"转化为各种有形的知识时，"大道"不可避免就"废"了，就隐而不现了。各种知识便成了人生的遮蔽，使人无法达于"道"之本真。

　　我们认为，人生离不开知识，人生需要知识的关照。各种形态的知识都是"人类智慧的结晶"，是前人生活经验的表达，是人类走向世界的"道路"的反映。降生于为文化知识所环绕的现代世界中的个人，要适应日益复杂的现代社会，就必须借助于前人的积累，必须依赖现成的知识去打开通向世界的窗口，启发人生之智。任何无视人类优秀文化遗产的个人都只能是抱残守缺、井底之蛙。另一方面，"博学并不能使人智慧"（赫拉克利特），知识并不等同于个人的智慧，一个人的智慧并不和他所获得的知识成正比。只有适当的知识才能通向人生的智慧，不当的知识即是人生的一种遮蔽和束缚。第三，知识是前人智慧的结晶而非智慧本身，"智慧"是本，"结晶"是末，人学习知识是为了获取人生的智慧而绝非单纯为了知识积累，人用知识而非知识用人，人生活着并不是为了积累知识，而积累知识却是为了更好地生活。人如果止于积累知识则必然会遮蔽个人智慧的展开，使个人生活隅于知识而陷于僵化。所以，对知识的不当处置或不当的态度也会遮蔽人生。由此我们提出，教育应该用合适的知识去积极关照人生，用恰当的知识去打开人生通向世界的窗口，启发人生的智慧与真理，从而积极有效地导引生活与人生的展开。

二、知识的转向

随着知识特别是科学知识的积累，人类的文明日益上升，人类的眼界逐渐打开，也打开了人们征服自然、征服世界的欲望之门。当人们从科学知识中不断获利时，知识的地位日益巩固，人们不再反思知识的意义，知识逐渐上升到了无以复加的地位。培根"知识就是力量"成为经久不衰的教育名言。知识开始转向，不再关心是否通往个人的美德。人们获取知识就是为了获取支配自然的力量，而非净化人的心灵、关照人生的方向。科学知识的发展促进了现代工业的诞生，现代教育亦随之发生并从一开始就成为适应大工业生产的手段。教育就是为了个人获取知识、掌握现代科技、适应现代生产从而更多地富于征服世界的力量。"教育学之父"夸美纽斯正是建基于培根之上开创了现代教育的理论体系；现代教育由此而逐渐滥觞。在现代教育中，纷繁的知识被呈现于个体，并且千方百计用各种"科学"的方式使个体尽可能充分地获取这些"知识"，教学内容、方法、手段、程序都越来越精细、条理明了，个体成了越来越有效地接受"知识"的容器，虽然教育者也关心思维的训练、智力的开发、态度的端正，但这一切都是为了更好地学习知识，更多地接纳知识，而决没有完成向人生的转向。

支配现代教育的另一密切相关的格言是"开卷有益"。由于先哲所处的历史背景不同，他们主要不是依赖文化的积累进行他们的文化创造，更多的是"面向事情本身"（胡塞尔），直面人生、世界，去体悟"道"，把握宇宙人生的真理，读他们的"思"的"结晶"，很容易让人也直面人生与世界，故"开卷有益"。但现代却不同了，大量繁殖的现代文化，更多的是把前人的"结晶"经过无数次加工后再加工的结果，故许多知识根本就离"道"万里，甚至南辕北辙，读之非但无益甚至有害。更多的知识则益弊俱存，益弊的多少取决于人们对知识的态度。

前科学时期，"学"关心的并非"学"本身，而是生活与世界，是人在世界中的生活的表达。随着科学的进步，人们所关心的"学"的完善，而非"学"的意义，当众多科学开始"学化"时，就开始了对生活与人生的疏离，"学化"就成了"学"与"生活世界"的阻隔。当然，并不排除部分新学能够透过"学"之"遮蔽"而把握"生活世界"之真。如果个体不能透过"学"的局限而面向"学"应该的指向——生活世界，"学"的积累除了增进人的技能技巧，发挥"学"的工具价值之外，还不可避免地会成为人生的遮蔽。

现实教育中，人们虔诚地相信，开卷必有益，不管什么知识，学了总比不学好，多学总比少学好。现代教育的基础是预设的课程，教学内容已预设好了，教学自然而然地在此基础上展开，测量与评价亦以此为中心，受教育者个体没有自由去选择课程，选择课程内容，参与到课程的建构中，在教育中，个体并没有被教会去领会何者对于他是重要的、何者不重要——因为一切都预先计划好，个体不需要去分辨，受教者的任务就是按步学习、掌握，分辨的工作是计划者的事。这样，个体面对知识的海洋，虽有良好的学习方法却缺乏足够的人生分辨能力，大量芜杂的知识进入人生，个体根本就不能感觉到芜杂的知识对于人生有何意义，知识并没有充分而有效地敞亮、彰显人生，反沦为人生的阻障。大量知识没有成为生活与人生充盈的力量与意义的源泉，个体感受的不是学习知识的愉快而更多的是压力①，人在教育中只见知识不见人生的方向，也难以领略教育的意义。

现代教育引导人们去不断地获取知识，却没有通过知识而使人接近自己的人生反而远离人生。尼采十分深刻地洞察了这一点，在其《道德谱系学》中提出，我们从未寻求过我们自己……因此，我们对自己

---

① 真正的教育就是愉快的，现在的教育之所以让学生感到厌烦、有苦难言，根本原因即在此。现在流行的愉快教育如果不能完成知识向生活与人生的转向，则只可能停留在形式的愉快而非实质的愉快水平上。

必然是陌生的，我们不理解自己，我们不得不误解自己，"每个人都是最远离他自己的"，我们不是关于我们自己的"知识的人"。现代教育带给人们更多的知识积累，但知识积累带给人的却不一定是人的个性的更好实现。许多情况下，人的创造性、热情、活力并非随着受教育程度的提高而提高，人们并不知道他所获得的知识跟他的个性与人格的发展有什么必然的联系。现代人通过现代教育并没有实现对其本质的充分的占有。现代教育必须充分反思知识在教育中的意义与价值。

三、"学会学习"的转换

"学会学习"是现代教育的重要命题。但现代教育必须在"学会学习"之先回答两个问题：其一，"学会学习"的基础或前提是什么，如果一个人并不知道他究竟要学什么，他学会学习有何意义；其二，为什么要学会学习，如果学会学习是为了更好地学习，那么更好地学习又是为了什么，这是对学会学习的必要反思。"学会学习"不能提供并保证学会学习的意义，现代教育对待知识必须同时面对三大命题：第一，学会区分判断、选择最有价值和意义的知识去学习；第二，学会学习与思考，充分有效地致知；第三，把知识引向人生关怀，去充盈生活与人生的智慧与经验。

"我们首要的任务是使孩子们得到普遍综合的训练，打开面向世界的窗口，从而使他们一睹世上的各种可能，能对万事万物做出公正的判断①。卢梭早就提出："需要记着的是：我们想获得的不是知识，而是判断能力"②，经由知识的学习与获得而学会对万事万物做"公正的判

---

① ［英］R.W.利文斯通：《保卫古典教育》，邵威、徐枫译，安徽教育出版社1991年版，第14、152页。

② 卢梭：《爱弥儿——论教育》，李平沤译，商务印书馆1978年版，第214、257、280、283页。

断"，这其中就包含了而且首先是对知识的判断。

现时代是知识爆炸的时代，这无疑已成共识。每个人都处于被知识与信息环绕的生活世界，良莠并存，鱼龙混杂，知识不再——准确地说是不应该再是想当然地高高在上。学习的过程自始至终都是或者说应该是知识的价值与意义的寻找、发现、判断、评价、选择的过程。人就是知识的尺度，知识寓于人，为人所用；而非把知识作为人的尺度，人反寓于知识，为知识所用。对于现代知识社会中的个人而言，区分何者重要何者有益，有选择地吸收融合，已变得至关重要。教育应"教他在需要的时候获取知识"①，在需要的时候获取需要的知识。这决不等于不尊重知识，相反，对知识进行价值选择，就是对知识的尊重。当然，人判断选择知识需要一定的知识作为基础，人只能用合理知识去合理地判断选择新的合理的知识。而不合理的知识则会产生不合理的判断又接受不合理的知识。当个体还是一张白纸更多地处于被动接受并依赖于外在环境时，这种判断与选择的过程是由环境完成的。"无论如何，每个人最初所受的教育决定着今后的方向"（柏拉图）。人的心灵这张白纸一旦涂上了色彩便无法抹去再重新开始。故早期教育是多么重要，因为这是人生与知识的积极或消极的循环上升效应的开端。

"学而不思则罔，思而不学则殆"（《论语·为政》），这是古老的教育命题，但究竟"思什么""怎么思"，长期以来人们对"思"缺乏充分的领会。"教育应为我们打开面向世界的窗口"②，在打开"世界"的"窗口"的同时，也打开人生的"窗口"。"学"是"打开""世界"与人生"窗口"的依据与材料，"思"则是"打开窗口"的"打开"。学而不思则此"学"无法打开世界与人生的窗口，反而会阻隔人生与

---

① 卢梭：《爱弥儿——论教育》，李平沤译，商务印书馆1978年版，第214、257、280、283页。

② ［英］R.W.利文斯通：《保卫古典教育》，邵威、徐枫译，安徽教育出版社1991年版，第14、152页。

世界，故人会在"学"中迷惘。相反，没有"学"的引导，茫然以"思"去面对人生与世界，"思"缺乏足够的依据与材料，无法有效地开启人生与世界，自然会懈怠。

"问题不在于告诉他一个真理，而在于教他怎样去发现真理"。人生是个体的人生，"世界"是个体的"世界"，每个人只能自己用"思"去开启自己的人生与世界，教育无法取而代之。故"教会思考"不仅仅是教育中的重要的方法论指导，而且直接指涉教育的构成，即教育就是要教人学会思考，去"思"人生与世界，在"思"中敞亮人生与世界的真理，在真理的关照中走入自己的人生与世界，践行充盈的生活与人生。"思"的启发离不开"学"的充实，教育离不开知识的依托。教育用知识去除人生的蒙昧，又不让知识遮蔽个人"思"之"道路"成为"思"之阻障。教育不断地开启人生之"思"，敞亮"思之道路"，敞亮进入人生与世界的"道路"。

"知行合一"是又一古老的教育命题。"知行合一"并非简单的学以致用，而是指知和人生实践结合，知和人生经验融合，在此融合中锻造人生的智慧与精神，以人生经验为基础去致知，并把知还原于人生经验，丰富人生经验，才可能真正实现柏拉图所言"知识即美德"的诤言。

"在生活上，我们所需要的决不是数学命题。我们之使用数学命题，只是为要从不属于数学的命题推出别的同样属于数学的命题。"[1]知识的教育应该通向某种知识更高的东西。"在风格之上，在知识之上，还有一个东西，一个模模糊糊的东西，好像凌驾于希腊众神之上的命运。这个东西就是力量。"[2] 这种"力量"就是生活与人生的智慧与精神，这种"力量"难以明示，只可经验、领会、渐次获得。维特根

---

[1] 维特根斯坦：《逻辑哲学论》，贺绍甲译，商务印书馆1992年版，第6、211页。

[2] 《现代西方资产阶级思想流派论著选》，第121页。

斯坦另一段妙语足以给我们"合适的提示":"这知识能学吗?能学;有的人能。但不是通过上一门课程,而是通过经验。——一个人能在这方面为人师吗?当然能。他时不时给学生合适的提示——这方面的'学'与'教'就是如此。——一个人渐渐获致的不是一种技术;他学习正确的判断。也有规则,但不成体系,不像计算规则。只有经验丰富者才能适当运用。最难得的就是精确地、不加伪饰地把这不确定性诉诸文字。"① 教育应更多地激励学生在知识之上,在规则之上,去领悟人生智慧,敞亮并践行人与世界的关系,了悟并获得人生与世界的真理,经由知识之桥而步入充实的人生之路。在此意义上,第斯多惠的教育名言"教育的艺术在于激励、唤醒、鼓舞"就有新的内涵了。

也许古典人文教育能够提供我们生动、丰富的启迪。简朴、单纯、洗练的古典人文知识更接近于人生与世界的真理之本原,当我们借鉴古典人文"智慧的结晶"更易于走上"思之道路",那么,"保卫古典教育",继承古典人文传统就不是简单的回归传统或者说保护传统,而是让古典人文之光引导现代人走上现代人生之路。——也许现代人在知识的迷雾中失却了方向,那么对于我们而言,此刻最要紧的事即上路。

---

① 维特根斯坦:《逻辑哲学论》,贺绍甲译,商务印书馆 1992 年版,第 211 页。

第七章

语言与教育

　　我们生活在世界中，我们也生活在语言中。我们在语言中编织生活的经纬。语言是人的存在的中心，亦是教育的中心。什么样的语言表达什么样的教育。

　　古典诗性语言向现代工具语言的转变与古典人文教育向现代功利教育的转变同步。语言与教育在当今面临严峻的挑战，应加强语言教育。汉民族语言与教育的困境更为突出，应加强汉民族语言教育，它维系我们民族的过去、今天和未来。

一、人·语言·教育

（一）人与语言

人生活在世界中，人也生活在语言中。"语言从我们生命伊始，意识初来，就围绕着我们……语言犹如我们思想和感情、知觉和概念得以生存的精神空气。在此之外，我们就不能呼吸。"① 语言给世界中的事物命名，语言中蕴含着事物存在的意义，语言使事物显现出来，世界在语言中向人开启世界之为"世界"，正是在语言中人得以和世界上所有存在者一起存在，使人"在世界中"存在，使人"拥有"世界。人总是以拥有语言的方式"拥有"世界，语言把人引领入"世界"之中。"谁拥有语言，谁'拥有'世界。"② 语言的界限即我们所"有"的世界的界限，语言之外没有"世界"。

语言开启了"世界"，开启了人和世界万事万物存在的关系，这种关系总体的发生便构成历史。语言中蕴藏着世界的意义，也蕴藏着历史的价值与意义，历史保存并活在语言中。语言不仅使人"有"了世界，也使人"有"了历史。我们生活在语言中，也生活在历史中。

语言向人开启了世界和历史，与此同时，人也在语言中开启了自

---

① 卡西尔：《语言与神话》，于晓等译，三联书店 1988 年版，第 127 页。

② Gadamer. Wahrheitand Methode. Tuebingen, 1988, p.457.

我，语言把人引向世界与历史。人在对世界与历史的开放中理解并获得了世界与历史的意义，同时也理解并获得了人生的价值与意义，获得了存在的意义以及存在的可能性。人的存在并不是语言的产物，但人的存在必须凭借语言而使其与世界和历史沟通，在与世界和历史的关联中配置、组建自我的存在。人的存在离不开语言，人的"存在""在语言中"。"语言是存在的家园"（海德格尔）。语言改变了人混同于动物的存在的命运，人经由语言而得以上升到自己的世界——"人文"的世界。

"何处有语言，何处为世界，何处为世界，何处有历史"①，人生活在语言中，人生活在世界中，人生活在历史中。

（二）语言与教育

什么是教育？教育即育人。什么是育人？育人即把人引向世界，引向历史，引向文化，引向传统，建立人与世界和历史的有意义的"牵涉"，在此意义牵涉中去组建个体有意义的人生。德、智、体、美、劳等都是人与世界、历史相关涉的要素与形式。

教育何以把人引向世界、引向历史？依凭语言。语言是通向世界的大门，世界作为"人的世界"已经在语言中。教育引导人在语言中去熟悉世界，亲近世界，与世界交往，理解世界，理解历史，理解人生的价值与意义，培植个体的人生。教育正是通过语言的渗透与引导而使个体在语言中并且凭借语言来配置人生，构建人生的精神历程。人总是在语言中理解，在理解中通达并显现个体的存在。没有语言就没有理解，没有理解就没有意义，没有意义就意味着没有人与世界的活泼牵涉，就意味着人与世界的阻隔，意味着人的存在的阻隔，何来教育之有？任何教育都发生在语言中，没有语言就没有教育。语言之所及即教育之所

---

① 海德格尔：《荷尔德林诗的阐释》，梅茵，1963 年版，第 35 页。

及，语言的界限即教育的界限，语言之外无教育（不言之教同样离不开，只是语言表达在不言中）。语言是一个先于我们而存在的人文世界，世界经验、历史传统尽在其中。教育引导个体去接受语言的过程就是一个理解世界、理解历史传统的过程，同时，也是个体理解人生、理解自我的生活过程。"想象一种语言就意味着想象一种生活形式"①。人在何种程度上领略到语言中的价值和意义，便能在何种程度上启发人生的意义，实现人生的精神构架，这同样意味着个体享受到了何种程度的教育。语言不仅是教育的手段，而且它本身就是教育，语言就是教育的目的。

不同的语言蕴含的是不同的世界"观"，负载的是不同的历史，表达的是不同的价值和意义。洪堡曾提出，语言是人类精神力的产物，每种语言作为民族精神力的产物都是一种独特的世界观②。语言是延续民族传统、塑造民族精神的基础，也是国民之国民性立足的根本。所以，教育的民族性的根本亦在语言之中。

教育并不是语言的产物，但教育离不开语言。教育发生在语言中，教育展现在语言中。在此意义上，语言的特性即教育的特性，什么样的语言表达什么样的教育。

二、语言与教育的走向

"人的第一对象——人——就是自然界、感性……思维本身的要素，思想的生命表现的要素，即语言，是感性的自然界。"③ 初民不断地与世界"打交道"，不断地"看"世界，从而发生丰富而生动的人与世界的感性联系，这种感性联系结晶为语言（这一点在汉语言文字的

---

① 维特根斯坦：《哲学研究》，法兰克福，第 35 页。
② 徐友渔：《语言与哲学》，三联书店 1996 年版，第 180 页。
③ 《马克思恩格斯全集》第 42 卷，人民出版社 1971 年版，第 129 页。

象形特性中表现得极为突出）。古典语言的感性特征，古典语言与世界的亲缘性，赋予古典语言以原初的诗性与活力。

文明伊始，初民在对万物无知或少知的状况之下，凭着想象力而不断地在耳所听目所视之上，构造出一个个丰富的内心世界，对他们那耳所听目所视的世界充满了幻想，充满了"魅"。这种"魅"、幻想和发达的想象力再现在语言中，使古典语言的诗性特征得到彰显，并富于暗示性。象征、赋、比、兴的大量运用正是这种想象力发达的自然结果。人们还远不能深知且在语言中准确把握这个世界，但人们可以在充满暗示性的语言中去更多地领会这个世界。简单而又丰富的原初语言揭示这个世界的存在，揭示世界中的"事"和"物"。所以，原初语言中没有一个语词是"空洞"而无"物"的。

"道可道，非常道；名可名，非常名"，那"可道"的语言的力量是非常有限的。但"言外"有"意"，那诗化的语言，充满暗示性的语言将"可道"的东西暗示出来，成为一个个"意"之"境"。简洁质朴而又丰富完整的古典语言构成古典时代诗性创造的基础，人们在诗性的古典语言中给人类营造出一个个充满古典意味的诗性的"存在的家园"。古典语言文学艺术早在两千多年前就达到了人类智慧的高峰，各民族流传的英雄史诗无疑是杰出的代表，语言、历史、诗在其中达到了近乎完美的统一（比如荷马史诗）。

古典诗性语言和古典语言文学艺术，营造出浓郁的古典人文意味，这构成古典人文教育之人文性的基础与根源。简洁朴素的语言向人暗示活生生的世界的存在，诗意的暗示进一步引导人展开想象从而更多地去领略世界，领略世界活生生的"事"和"物"。人在语言中，即在暗示中，在想象中，在人与世界的活生生的感性联系中，人在这种感性联系的拓展中拓展古典的人生。"不学诗，无以言。"学诗，学"诗"之"思"，学"诗"之"言"，"诗"之"思"与"诗"之"言"成为古典的诗意生活的基础，并且组建古典的诗意人生与诗性历史。古典人文教育不仅引导人去"看"那现实的世界，而且同时引导人去建构自己的精神世界，古典人文教育玉成古典的诗意人生。所以，在物质相对困乏的时代，在初始的文明之中，人们依然得以享有丰富的内心世界，达到精神的"畅适自足"（黑格尔）。简洁朴素、丰富完备的古典语言，简洁单纯而又相对完整的古典人文教育与简洁朴素而又不乏诗意的古典人生相统一。

随着人类智力的发展和技术的进步，人类"看"世界越来越多地"看"出了"门道"，"看"得越来越清楚。从宏观到微观，从近到远，从外界万事万物到人自身，在天文学、物理学、生物学、心理学、数学等科学的观照下，世界越来越清楚明白地展示出来而失却了古典的"魅"，人类日益追求对世界的确定的认识，试图准确地"说出"这个世界，牢牢地把握这个世界。语言成了这种追求的工具，古典语言的暗示性、诗性随世界的去魅而去魅，语词的意义越来越明确，语言被越来越多地纳入分门别类的学科之下，越来越确定化、精确化、规范化，快捷、明了、方便、实用，大大缩减了语言的诗意与张力。

工具性、准确性的语言向人直接地展示这个世界，不再以暗示为基础，不再给人提供更多的想象空间，这样，人在语言中获得的不再是一个富于想象的精神世界，而是对现实世界的准确把握，是改造世界、征服世界的"力量"。语言不再或越来越少地给人们营造诗意的"存在的家园"，但人们正越来越多地赢得了物质的进步。

与语言的转向同时发生的是教育的转向。教育不再以关注人的精神世界的完满与"畅适自足"作为根本使命，而是关注人认识世界、改造世界的需要，关注现实的功利。教育和语言一道成了人类改造世界、征服世界以获得物质利益需要满足的工具，古典人文教育转向现代功利教育。这种转向始于16世纪的西方，随着19世纪产业革命的完成而完成，到20世纪则更趋强化。当今，语言和教育共同面临全面而深刻的挑战。

三、挑战与回应：语言与教育的时代困境

人类在近几个世纪赢得的进步是显而易见的，科学技术的发展，物质的极大丰富，生活条件的极大改善等等。但人类付出的代价也是巨大的，环境污染、生态失衡、大量物种灭绝、资源极大地消耗、核战争的威胁等，这些都已广为人知，还有一种人们身在其中却难以察觉的损失，那就是"语言的荒疏"。

"语言大面积地迅速荒疏，这不仅在一切语言运用中掏空了美学的与道德的责任，而且，语言的荒疏是由于人的本质之被戕害"①。人类在改造自然、征服自然的热望中，关注的是物质利益的满足，语言"屈从于我们的愿望和驱策，作为支配者的工具供我们使用"，科学语言、智能语言极大地冲击着传统民族语言，语言的活生生的感性特征愈来愈技术化、理性化，语言中负载的历史、价值、意义日渐隐蔽，诗意消失，人不再用语言来积极地"照料人的心魄"，在技术化、规范化的语言中，人的个性被大大"敉平"。

与此同时，科技的发展带来现代大众媒体层出不穷地涌现，各种带有"机械复制"特征的大众文化广泛渗透，这意味着科技理性对人类日常生活时空的进一步浸染，即人们日常生活的语言这一直接关涉人的生存与存在的"中心"也被迅速地技术化。"倾听一对现代情侣的谈话，我们常常弄不清他们是用语词呢，还是用广告招牌以及从现代工业的符号语言而来的专门术语在进行交往。工业时代被扯平了生活形式必然影响到语言。事实上，语言词汇的贫乏正造就着惊人的进步，从而也导致着语言向专门符号系统的靠拢。"② 无孔不入的大众传媒越来越多

① 海德格尔：《人，诗意地栖居——海德格尔语要》，郜元宝编译，上海远东出版社 1996 年版，第 79 页。

② 伽达默尔：《美的现实性》，张志扬译，三联书店 1991 年版，第 182 页。

地占据了人们日常生活的时空，大众语言极大地向个人的所听、所视、所思、所言渗透，进而取代个性化的语言，人们因此而缺少了"思""想"，大众的思考取代了个人的思考，人们在相同的语言背景里被"敉平"为"日常共在"，为"常人"，人们生活在"模仿"之中。

不仅如此，现代大众传媒正越来越多地取代了阅读，使人们对语言文学艺术，对负载着历史、传统、价值、意义的民族语言只能达成表层的接触，对语言的理解能力和想象力减损。大众传媒大量介入人们的交往过程，占据交往的时空，使语言的交流与共享这一曾被亚里士多德视为友谊的本质和唯一真实的共同基础也大大缩减，交往中对语言的理解领会以及对人的领会亦大大缩减。

生活世俗化，语言世俗化，人们的日常语言越来越多地为世俗的话题充斥，苏格拉底式的追求真理与智慧的精神、神话传说、诗歌以及崇高、理想、价值、意义的关怀日渐远离世俗生活，语言（不仅是词汇更是内涵的缩减）越来越贫乏，这表征着现代人生存的尴尬处境。

语言的处境与教育息息相关。语言在教育中的地位下降，让位于科学和技术。教育关注的不是人的精神"畅适自足"，而是知识技能的掌握和各种实际能力的发展，以适应现代化的社会生活。科学技术对教育的渗透使教育也技术化，对语言的理解与领会成了一种技术化、程式化的操作而变得越来越肤浅，语言与教育语言中的历史、传统、价值、意义以及人与世界的活生生的感性联系这些作为古典人文教育实质之所在的要素日趋晦蔽，语言的技术化使其越来越多地成为没有灵魂的符号。语言的缩减，个性化的沦丧，使教育对个性化的培育成了空中楼阁，教育的民族性亦大大缩减。这些，都使得教育之于个人生存与当下生活的意义大大减少，使教育的人文性大大降低。

20世纪西方哲学由认识论转向语言哲学，这意味着哲学开始自觉地由研究外部世界转向人自身，关注人的思与言，关注人的生存。"语言既是我们的世界经验，又是我们的世界和存在。归根结底，语言是人存在的中心"（伽达默尔）。① 语言不再是单纯的认识工具，而是要恢复"存在的家园"的本质。教育也开始反思，教育的人文性及其人文价值的实现也日渐引起人们的关注，人文价值与功利价值的统一，科学教育与人文教育的整合成为共识，教育开始积极主动地谋求健全发展的道路。

教育何以彰显其人文性？教育之人文性的根基何在？语言是人们存在的"中心"，亦是教育的"中心"，是教育之人文性的"中心"。唯有语言，那负载着历史、传统、价值、意义的语言才能引领人走进历史、传统、价值、意义，才能建立人与世界活生生的感性联系，才能组建和配置人生。改善教育人文性的根本在于语言，在于语言的教育。唯有理解与领会才能抵达语言中的历史、传统、价值、意义，没有理解就没有教育，所以语言的教育应加强理解力与想象力的培养，加强对语言的理解与领会。语言的教育永远不能技术化，唯有长期的涵孕、熏染方能实现真正的教育。

"无论在教学、现代语言或自然科学方面，寻求替代古典语言的努力迄今为止都是不成功的；经过漫长而一无所获的探求之后，我们最终仍要回到数百年经验的结果上来；培养青年人思想的最可靠的工具是学习古典语言、古典文学和古典艺术作品"②。古典语言以及所代表的古典智慧，那是人类发展的基础，是人类延续至今乃至无穷的永远的"根"。我们没有理由背弃我们的"根"，那里有我们的精神源泉。

---

① 张汝伦：《历史与实践》，上海人民出版社 1995 版，第 439 页。
② R.W.利文斯通：《保卫古典教育》，邵威、徐枫译，安徽教育出版社 1995 年版，第 4 页。

四、任重道远：汉民族语言教育的历史使命

在世界性的语言与教育的冲击中，汉民族语言（包括各少数民族语言）与教育的冲击无疑更为突出。自文艺复兴以来，西方社会就开始了寻找和迈进现代化的历程。而封建的中国直到 19 世纪中叶还沉溺于天朝大国的美梦。鸦片战争爆发，面对西方文明，中国开始了被动地寻求现代化的历程。20 世纪中叶，中国社会还处于"求解放"的主题之下艰难地寻求现代化。新中国成立后，中国社会才逐渐开始主动地谋求现代化的进程，"求富强""求发展"成为一致的"声音"。学习西方科学技术，发展民族科学技术，科学教育和技术教育提到了首要的位置，汉民族语言教育在教育中的地位下降。越来越多的国际交流与合作，发展的全球化、国际化是大势所趋，开放与交流成为不可逆转的潮流，相对落后的中国为学习与交流之便而把外语教育摆在极重要的位置，这在事实上进一步冲淡了汉民族语言的教育。

从文言文向白话文的转变，使现代中国人与古典民族文化传统之间出现了一道无形的阻隔，这不能不在一定程度上影响民族文化精华的继承与发扬。而且，白话文的发展很难说今天已经达到了文言文时代所达到的语言水平。在这种状况下，商业化、技术化又开始极大地冲击白话文，大众传媒对汉语言大肆炒作，汉语言文字成了被任意摆布的工具。当"运动鞋"变成"斯波特"，当"蒹葭苍苍，白露为霜，所谓伊人，在水一方"演变为"我的爱，赤裸裸"，当人可以理直气壮地扬言"我是流氓我怕谁"，汉语言的魅力已大大丧失。这样的语言背景，对语言和教育的伤害都是巨大的。另一方面，由于目前国民素质不高，使大众文化轻而易举地占住人们的日常生活时空，优秀汉语言文学作品特别是古典文学作品日渐远离人们的阅读视野，人们对汉民族语言越来越多地只是表层接触，缺乏对汉语言魅力的深入领会，民族语言越来越多地变

成了没有内涵的泡沫语词，在人们的日常生活与交往中仅作为功利性的交往工具。

与此同时，汉语言教育的问题亦十分突出。古代"死记硬背"的语言教育固然不好，但却依然诞生了许许多多优秀的创造性地运用汉民族语言的作家，因为它有一个隐蔽在缺点中的优点，即它没有把完整的语言作品拆得七零八散，强调个人整体性的领悟，领悟语言文学之"道"、汉语言之"道"，所谓"书读百遍，其义自现"；强调个人的读思结合，所谓"熟读精思"；强调长期的含蕴、积累，所谓"读书破万卷，下笔如有神"，这是古典语言教育的基本精神之所在。相反，今天的语言教育则过多地注重分析，注重大而全的语文基础知识，注重学生对细枝末节的语言要素的把握，语文之"道"变成了"术"，变成了各种语文常识，缺少了整体语言素养的含蕴。结果是，学生有丰富的语文基础知识，却没有足够的领会、感受、驾驭语言的能力，会把汉语言作为日常表达的工具，却不会灵活自如、创造性地运用汉语言，积极发扬民族语言的魅力，使民族语言在交往中只能作为一种工具、手段，而不是作为一种享受、目的。

汉民族语言的背后是中华民族的生存方式。中华民族的民族性深深地系于语言，再现、延续并且张扬在汉民族语言之中。"唯有语言可以从历史的深处延伸而来，成为民族最后的指纹，最后的遗产"。民族语言的淡化、缩减，意味着民族生存内涵的缩减，思维与理性的缩减，精神世界的缩减，民族感正"在大量失去它的形象性、美学依据"①。

学外语，更多的是学习一门工具，而不是（至少对绝大多数人而言）把外语作为其所思所言的根本，作为生存于其中的根本，只有汉民族语言才是根本，民族的一切内涵都在语言中。所以，加强民族语言的学习，在民族语言中充盈、完善自我，接受优秀民族语言文学作品的

---

① 韩少功：《完美的假定》，作家出版社 1996 年版，第 153 页。

熏染，便不仅仅是爱祖国、爱民族的表现，而是在民族语言中拓展个人的生活的"世界"，拓展个人生活的时间与空间，把个体生存引入民族、历史、传统、价值、意义，实现个体生存与民族生存的共通性，使个体的生存获得民族感、历史感，获得人生的价值与意义。这种"获得"不是外加的，而是内铄的，是个体生存的基本精神，是个体国民性、民族性之所在。当一切都高呼"与国际接轨"的时候，中国教育何以体现其民族性？唯有语言，唯有汉语言。汉民族语言既是我们教育的民族性的根本，也是我们教育的人文性的根本。一个中国人，如果他没有受过唐诗宋词的陶染，那么，他能在何种程度上作为一个中国人呢？对优秀汉民族语言文学特别是古典诗歌、散文的学习，是加强汉民族语言教育的不可替代的途径。

源远流长的汉民族语言，这是中华民族真正的"精神的家园"，我们应该"看护"这个"家园"，"建设"这个"家园"。它不仅维系着过去，也维系着今天、明天，维系着民族的未来。语言、民族、教育、世界、历史、未来……永远引领我们思索。

五、提升自觉：今日汉语言教育的实践路径

完整的汉语言教育需要在三个层面展开：首先当然是实用的层面，汉语言的教育首先是指向人们的表达，也即让个体学会运用汉语言表达自我，并让这种表达清晰、有条理、准确，毫无疑问，这个方面的功能是十分重要的，也是汉语言教育的基础性功能。其次是审美的层面，也即培育人们对汉语言实用的亲切感和美感，避免日常生活中汉语言使用的无趣、无味，汉字音形义统一的特点使得汉语言先天地具有审美的特质，加上数千年文明积淀起来的汉语言作品乃是一个优美的语言宝库，不仅可以启迪我们准确地说话，还可以孕育我们优雅地言说，由此而让我们凭借汉语言而启迪自我优雅的心灵。第三是文化精神的层面，数千

年的文明承载于汉语言之中，赋予其丰富的文化精神内涵，汉语言教育就是要活化这种内涵，以之来启迪、培育生动的民族精神于当下的民族生命个体之中。关键问题在于三重功能如何可能整体地实现于当下？

首要的一点乃是要培育人们对汉语言文字的发自内心的热爱。问题在于，这种热爱是不能灌输的，这里的要点有两个：其一是年少阶段的汉语言教育至关重要，换言之，早期儿童教育的重心就是要在富于爱与美的情景之中培育个体对汉语言的温暖而亲近的情感态度，为个体一生打下一种丰富而美好的母语生命体验的根底。这里特别值得一提的是学龄儿童初期的语文教育，初期阶段的语文教育应该凸显汉语言的整体性与美感，避免过早的技术化。"一旦我们从小开始就对孩子进行解剖刀似的技术化训练，我们优美的汉语文学宝藏就会在孩子的世界中变得荡然无存。因为我们的孩子一开始就被训以不要直接地面对优美的文本自身，而是面对词句、结构。"① 其二是个体在成年过程中不断地保持自我向着优雅而丰富的汉语言的内在开放性，能更多地在生涯之中体验到汉语言的内在意蕴，避免汉语言在个体人生中的固化、单一化，这里涉及的乃是个体人生发展过程中对汉语言的自觉问题。正如巴乌斯托夫斯基所写，"俄罗斯语言只对那无限热爱自己的人民，了解他们到入骨的程度，而且感觉得到我们的土地的玄秘的美的人，才会全部展示出它的真正的奇幻性和丰富性来"。② 汉语言同样如此，唯有当我们拥有充分的语言自觉，自觉汉语言和文化的传承，自觉彰显汉语言的丰富与优雅，彰显汉语言蕴含的人与天（自然）之间的多层次、多角度的联系以及在古老中华大地上孕育出来的民族精神，汉语言的丰富性与无穷魅力才会不断地向着我们显现出来。

---

① 刘铁芳：《重申语文教育的立人使命》，《高等教育研究》2015 年第 4 期。

② 巴乌斯托夫斯基：《金蔷薇》，李时、薛菲译，漓江出版社 1997 年版，第 88 页。

其次是要努力保持汉语言的适度纯洁性，也即在开放性与纯洁性之间保持必要的张力。语言是活的，汉语言必须保持向当下生活世界的开放性，吸纳新鲜语汇，包括新的汉语言表达形式，丰富汉语言，提升汉语言在当下的活力。但这种开放不是无原则的、任意的，换言之，汉语言是需要保护的。站在教育的立场而言，意味着社会需要给孩子们的成长营造一个积极的空间，其中最重要的空间就是话语空间，从社会传媒到社区、家庭，都需要有一种语言的责任，自觉给他们创造优雅、丰富、和谐的话语空间，避免粗糙、贫瘠而无序的语言过早地进入孩子们的世界，从而培育他们健康的语言趣味。

第三是努力激活古典语言的当下意义，这里涉及的是我们如何看待古典语言的现代价值问题。生活在今天，我们当然不能简单地为了传承古典语言而学习古典语言，语言乃是指向人、为了人的，换言之，古典语言的学习同样是为了丰富、提升当下人的美好生存。这意味着我们一方面需要少数专业研究人员发掘、整理古典语言作品，以达到文化继承的目的，另一方面我们也需要有更多一点的人在研究古典语言的过程中不断地阐释古典语言，在使用中活化古典语言，让古典语言融入当下生活，借以重新焕发生机，也即让古典语言成为丰富、扩展当代中国人生命世界的精神资源。从教育的视角而言之，从小开始，逐步增加古典语言学习的内容，是十分必要的。当然，这绝不意味着我们重回少年读经的老路，而是要逐步进行，把培育孩子们对汉语言的热爱摆在首位。

第四是重新审视方言在个体发展中的价值，这里涉及汉语言使用中的地方性问题。如果说推广普通话对于扩展公共交往，具有根本性的意义，那么适当地保留方言，则对于区域性的交往，特别是私人性交往，同样意义非凡。方言中蕴含着丰富的地方文化内涵，既可以彰显个体细腻的本土生活感受力，同时也是个体身份认同的重要体现。这意味着我们今日的教育体系在倡导普通话的同时，也不应排斥方言，而能给予方言以适度的空间。在今天，城市化的过程加速，方言正在越来越多地瓦解，这个时候，甚至不远的将来，方言将成为需要重点保护的对象。既然如此，为什么我们不从今天开始，就适度地给予方言以合法的地位？

　　显然，今日的教育及其教育问题的出路，中心在于我们社会的汉语言自觉，我们必须足够自觉到汉语言在民族国家发展中的核心意义。从具体实践路径而言，一是从小开始培育个体对汉语言的积极体验，培育个体对汉语言切实的爱与亲近，拉近个体与汉语言的内在精神联系。二是高度重视语言环境建设，保持汉语言的生动活力的同时适度保持汉语言的纯洁性，同时关注汉语言表达形式的地方性与多样性。汉语言是我们民族的精神之家，这个家的完整与健全需要我们每个人有足够的自觉，更需要我们有切实的担当，有深度的责任。

第八章

历史与教育

历史乃是活生生的生命存在的历史。不是历史需要我们，是我们需要历史。历史也需要我们去延续。延续历史的根本意义还是在于当下和未来。我们应该改变物化的历史观，拉近历史与当下生命的联系。

历史教育必须超越知识的教育，而成为提升个人主体性，提升生命中的历史意识与历史情怀的教育。正是生命化的历史与历史教育，使我们在大地上"诗意地栖居"成为可能。

人活在世界上总是有根源的，正是这个"根源"成为今天的人们生活的基础，我们总是站在这个根源之上来触摸自我生命存在与发展的脉络。一个人对自我存在的所有感觉都是以个人自身存在的历史、以个体拥有的历史与文化为基础，否则我们就无从思考和感觉，无从找到自我。个人自我往何处发展，都是在历史中敞开的。在此意义上，历史就是我们存在的地平线。

一、任何历史都是生命史

我们生命曾经的存在构成我们生命的历史，我们生命存在的历史构成了我们当下生命存在的整体内涵，我们的生命存在"在"历史"之中"。这是个人的"小历史"。个人的存在作为个人的生命史之时，个人的历史实际上又时时刻刻与人类的、民族的历史息息相关，我们生活的过程无时无刻都在与人类的、民族的历史相照面，我们生活中密切相关的文明无一不是历史的结晶。我们生活世界中的各种建筑、雕塑、艺术、书籍，都无时无刻不把我们引向对历史的记忆，这就是"大历史"。

任何历史都是一个一个人的活生生的生命史建构起来的，是一个一个人的生命史在建构、丰富着大历史。小历史又通过大历史得以保存和延续，这就是我们通常说的一滴水怎样才能不干涸，答案就是把它放进大海里去。大历史是小历史展开的基础与背景，小历史又反过来构成大历史，而成为新的大历史的基础，大历史通过小历史而得以丰富、扩展。小历史和大历史是紧密相关的，是一种互动的、交错的关系。小历史是在大历史的背景中展开，小历史又汇聚成新的大历史。我们走近历史，触摸历史就是要触摸先人的生命史，从历史中去感受先人生命的温度。

如果说个人的历史，就是个人生命的存在史，那么种族的、人类的历史无非就是民族的、人类活生生的生命存在的历史。先人作为存在者已经失去，但他们的生命痕迹依然保存在他们的作品（物品）中。屈原已经死了，可我们到汨罗江边就会想起屈原，屈原已经逝去了两千多年，但汨罗江还存在，汨罗江就是屈原曾经的存在的见证。屈原虽然死了，但正是他的死使得他的存在通过汨罗江得以保存下来，汨罗江就成为屈原存在的见证。他的生命终结之日也是他的存在保留之时，他跳江的事件就是他存在的极致，是他生命存在的事件。这一刻，他把生命的存在都凝聚于此，他死之日正是他的存在在历史中完整复活之时。作为存在者的屈原已经不在了，但他把他存在的历史留存下来，只要汨罗江还在，江畔的人还在延续，屈原存在的历史就依然被延续下去，照亮汨罗江畔的后来者。这就是凭吊的意义。凭吊就是唤起后人对先人存在的记忆，让这种记忆走近自我生命世界之中，敞开自我生命的空间。

后人是通过先人的遗迹来触摸他们曾经活生生的存在。我们走进历史实际上是走进我们先人的存在史、生命史，走进他们活生生的生命存在的空间，通过他们的存在来扩展我们的存在，从而使得后人的存在打上先人存在的痕迹，使我们成为拥有现代的、民族的身份的人，我们是在历史中承续先人精神的星火。我们之所以成为现代人是因为我们站在前人存在的肩膀上，我们之所以成为中华民族的子孙，正是因为我们的先人存在的痕迹深深地烙在我们今人的身上。我们的思考说话方式，生命存在方式，无一不显现出我们先人存在的痕迹。

历史作为一种曾经的存在总是以精神的方式延展在今天的生活世界之中，建构着今天，建构着今人的生命世界，成为今天的人们生命世界的基本质料。正因为如此，"一切历史都是当代史"。历史以精神的方式延续到今天，到当下。忘记历史就意味着背叛，因为历史孕育了我们生命的根。历史不是身外之物，它恰恰就是我们生命的质地，离开了历史我们的生命将一无所有，虚空就会成为生命的基本质态。忘记历史就意味着背叛，这不仅仅是伦理意义上的，更是生命意义上的，是存在意义上的。

二、不是历史需要我们保护，是我们需要历史保护

在莫斯科，有一个新圣女公墓，每天都会有大批的莫斯科市民来到这里放松心灵，好让他们平淡无奇的生活重新燃起希望。这里沉睡着著名文学家普希金，作家果戈理、契诃夫、马雅可夫斯基、法捷耶夫；作曲家肖斯塔科维奇，戏剧理论家斯坦尼斯拉夫斯基，舞蹈家乌兰诺娃，画家列维坦，科学家图波列夫、瓦维洛夫，政治家米高扬、波德戈尔内等等。这些曾经对俄罗斯的历史发展起到巨大推动作用的世纪伟人都长眠于此，而且每个人通过自己独特的墓碑，向世人讲述他们不同的生命故事。在俄罗斯人的心中，新圣女公墓不是告别生命的地方，而是重新解读生命、净化灵魂的天堂。正是托尔斯泰、普希金、果戈理、契诃夫等文学大师，像一盏盏烛光，照亮了封建沙俄统治下的夜空，点燃了俄罗斯人民渴望自由追求理想的火种。人们现在来到新圣女公墓每次见到他们的墓碑时，都是对自己灵魂的一次净化。

见到墓碑就会勾起我们对先人的想象，凭吊的过程就是与先人对话的过程。每个人都是要死的，生命是短暂的。生命来自大地，最终要回到大地。一个优秀的民族总是懂得细心地呵护它的杰出儿女的生命存在，把他们的遗迹留在大地上，是要给大地增光，丰富大地的人文内涵，成为新生命的精神起点，成为代际间传承的基本形式。新圣女公墓就是在用庄严肃穆的艺术形式存留下那些杰出的存在者存在的典型样

式，从而让后人走到这里，能最大限度地激活对那些杰出的灵魂之存在的想象。我们对先人的想象就反过来拓展了我们生命的想象。带有先人生命痕迹的建筑与雕塑，呈现的是一个个活生生的人的生命史。把先人的遗迹留在大地之上，与先人对话，从而拓展当下人生命存在的空间。正因为如此，我们以艺术的形式尽可能多地保存先人生命活动的缩影，就是把历史人文真实地留存在大地之上，在不断绵延的通向未来的时间与空间里，成为呵护后来生命样式的重要的精神资源。我们需要精致地、艺术地设计我们的大地，其实就是设计我们民族精神史的时间与空间。我们去观瞻，活生生的历史人文重现在我们生命的视野之中，拓展我们逐渐物化的生存空间。怀想先人，对逝去的先人已经毫无意义，直接指向的乃是当下乃至未来的人们。

人的存在总是有限的，死亡是存在者的限度。但人的存在并没有随着存在者的消逝而消逝，存在的痕迹依然保留在大地上，保存在在世的他者中，存留在群体以至人类的记忆中，存留在语言、建筑、器物、艺术作品等作为存在者存在之见证的"遗迹"中。我们对于先人的记忆正是通过那些先人留下的"遗迹"来活化我们对他们曾有的存在之想象。正是先人的"遗迹"成为今人与历史相遇的中介。今人存在空间的拓展，一个最基本的路径就是历史，就是先人曾经的存在。失去了先人的遗迹以及激活我们对先人想象的场景，我们就等于失去了历史，历史就完全地成了过去，被抛却在冰冷的时间长河之中。历史就被物化，成为远看的对象，而不是逐渐融入我们生命之中的事实。保护先人的遗迹，就是保护真实的历史，就是存留先人存在的踪迹。这种存留在有效地扩大我们历史记忆的同时，活化我们今人的存在空间，同时为我们当下的生存烙下民族、历史的痕迹。

当我们的物质生活渐渐丰富，我们开始关注精神生活需要的时候，我们就开始关注古董、文物、风景名胜。从个体存在的视角而言，意味着当人作为物欲的存在获得基本满足的时候，人才意识到作为精神存在的需要，人才真正开始摆脱动物性生存，而上升到人的存在。但历史的遗迹是需要保护的，有些东西一旦失去就永远不在，正因为如此，我们需要细心地呵护我们存在的空间，呵护我们的大地。大地不是纯粹物质的，而是历史的、生命的、精神的。大地需要我们诗意的保护，这样才能更好地把先人的遗迹保存下来。最糟糕的"败家子"，并不一定是对于先人的财产不珍惜，更重要的是看不到大地遗留下的历史痕迹的精神性与生命性，从而把历史物化、功用化，把不符合当下利益的东西，弃若敝屣。财产的失去可以重新获得，而珍贵的历史痕迹一旦失去就不可能再重来。历史当然也需要我们保护、延续，但保护历史更重要的是为了活化我们当下的生命空间。历史对于先人已经没有意义，恰恰历史的意义指向就是当下，是我们自己的生命存在。

我们的存在在哪里？我们的存在在类中，在历史之中。历史不是遥远的过去，而是我们生命周遭的真实存在，是构成我们生命内涵的基础。没有历史，我们的生命将一片虚空。正是不断活化在我们生命中的历史的痕迹才让我们生活得有滋有味、有声有色。在这个意义上，并不是历史需要我们保护，恰恰是虚空中的我们需要历史的保护，正是历史给我们的生命编织体贴的衣襟，是历史寄予我们生命以真实的内涵，保护历史的根本意义正在于呵护我们自己。与其说历史需要我们保护，不如说我们更需要历史来保护。保护历史就是保护我们的生命空间和生命品质。

三、培植教育的历史情怀

历史是我们站出来存在的空间，历史给人以丰富、厚重、多样的生命陶冶，历史让我们扎根在这个世界之中。教育就是要敞开个人的历史情怀，引导个体接近历史，更重要的是，接近历史中曾经的生命存在痕迹来活化个人的生命想象，教育需要培植历史的生命情怀。良好的教育就是需要我们凭借历史来敞开当下个体的生命存在，敞开个体生命存在的空间和生命的意义。我们沿着历史的阶梯一步步往上攀爬，历史丰富、滋养了我们的生命质地，我们生命的血肉无一不来自历史的营养。

我们经常对历史有一种"隔"的感觉，这实际上就是截断了当下生命存在向历史延伸的可能。当我们更多地生活在当下，我们的生命空间其实就是狭小的。一个人生命空间如果不健全，个体就不可能以独立的人格姿态来适应社会，个人就无法真正地敞开自我，一个人就只能更多地生活在"小我"之中，就没有办法积极拓展自我，把个体生存融入他者生命世界之中。在这个意义上，走近历史，走近历史上曾经的生命存在，就是要拓展我们当下生命的襟怀，引导我们走向与他者生命的共在。教育就是要凭借历史，要通过教育活化历史，也就是活化历史中的生命想象，以之来激活、拓展个体的生命想象，拓展个体生命的空间，用历史的内涵拓宽生命的情怀，提升生命的境界。

善用历史资源是教育的重要的途径，教育的过程就是一个充分利用人类、民族历史资源的过程。对我们而言，另一方面就是怎么样充分利用身边的历史资源，引导个体珍惜身边的历史，把历史意识融贯于个人日常生活的实践之中。我们生长在一个地方，就应该尽可能地走进这个地方的历史，这样我们的生命才能真正贴近这一方土地。我们行走在此，我们不单是行走在物理空间的"此（地）"，而且是精神空间、生命空间的"此（地）"。"一方土地养一方人"，之所以这方土地养了这一方人，是因为这一方人深深地扎根于这方土地的历史之中。教育必须要有开放的、活生生的历史视野，这种历史视野不仅是大历史，也不仅是书本上的历史，而且是个人生活周遭的、伸手可及的历史。怎样更好地走进历史，用历史来丰富自我，拓展自我生命存在的深度与广度，打上我们生命存在的民族印记，这就是我们今天面临的历史与教育的基本问题。

"惟器维新，人惟其旧"。人有两个方面的存在，作为肉体的人需要新，作为心灵存在的人需要旧，精神是需要积淀的，生命需要安顿，生命需要家。我们现在的人更多的是急于寻找肉体的家，而忽视了给自己的心灵找家，历史就是我们心灵的重要的家园。不断回望过去，回到古典，回到原初的智慧，实际就是当代人寻找生命家园的一种表达形式。出发就是为了返乡，人在往前走的同时要不断回到生命的根本，回到生命的家，家就是对历史起点的回溯。教育除了呵护人的肉身，提高人肉体生存的技能与社会适应，更重要的就是给生命找家。不断地回到生命的历史源头，活化教育中的历史情怀，就是教育为生命找家的努力。生命是需要历史来呵护的。缺少了历史的呵护，生命难免陷于虚空。

个体发展的历史是族类发展史的复演，任何个体都是种族的、人类的，人不可能孤立地存在；同时人的发展也是渐进的、不断回溯的，不断回溯到前人发展的迹象（轨迹），从不断回溯重温历史的过程中，慢慢获得生命的滋养。不断地回溯历史，感受前人的生命发生与成长的历史，就成了引导、呵护我们今天的人们生命成长的重要资源，同时也是应对我们当下个体的存在危机，应对以虚无为基本特征的当下生存的需要，置身虚无境遇中的我们尤其需要在历史的回溯中找到生命充实的可能。在一种世俗主义的文化品性之中，我们难以找到生命的超验之维来直接拯救我们精神世界的虚空。我们也不能直接诉诸生命的本能，那样更导致生命的虚空。守住历史就成了我们今天矫治心灵虚空的一剂慢而温和的良药，我们今天日益俗化的教育需要的正是这样一种努力，用历史来夯实生命的根基。不仅如此，对于今天明显浮躁的教育而言，重温人类、民族生命与精神的发生发展史，对于我们今天更好地理解教育的本真，特别是理解在一定文化背景中教育的独特意蕴，有重要的意义。

四、历史教育：走向生命化的历史

我们学习历史、熟悉历史，是为了让我们用对历史的"知"来充盈我们今天的生存，使我们在历史的回望中审度今天与明天、现实与未来，让历史赋予我们今天的生活以意义，我们就生活"在"历史"之中"，在历史寄予我们的"意义"之中，我们在历史中更清楚地看见我们生命的过去、现在和未来，我们也因此而真正"拥有"了历史。历史教育一方面让我们理解历史上曾经的生命存在，另一方面又让我们回到自身，用历史来滋养我们当下的生命空间，启发我们生命的意义。失去历史的呵护，我们的生命自然地就迷失了方向。我们今天遭遇的精神空间的虚化，一个重要的原因是我们对历史资源的呵护非常欠缺。历史不是在过去，历史总是在现实中，在我们真实的生活空间中。只有当历史成为伸手可及的历史，历史才构成对当下生命存在的真实的历史。

雅斯贝尔斯曾这样论及当下历史及其教育的重要性："今天，我们的社会是一个生产和消费的社会，人们生活得不错，不过我们就这样满足现状了吗？对事实一味盲目无知吗？如此虚幻不实？如此不负责任？如此爱说谎？如果我们仍然这样，我们所面对的将是一个与二次大战的灾难完全不同的另一个大灾难，而且到那时我们也会觉得那不是自己的责任，就好像在希特勒时代以及今天仍然有大部分的德国人感到对希特勒的王国丝毫没有责任一样，我们不但要了解历史上所发生的事，而且要反省历史，这样才能清楚本国的道德和政治状况。今天和过去一样，最疯狂的事仍然有可能发生。历史之光照亮了当下，它不但告诉我们一去不返的往事，更指出过去发生过而今仍存在的事情。"① 历史敞开社会发展的应有价值路向，历史同样，而且是更重要的、敞开个体生命的

---

① 雅斯贝尔斯：《什么是教育》，邹进译，三联书店1991年版，第58—59页。

路向。理想的社会首先建立在个人，在个人人心。历史在启示社会的同时，首先就是启迪个体人心。历史教育在引导个体关注社会历史的同时，更基本的任务就是启迪个体人心，全面滋养个体生命，促进个体精神成人。

我们今天的历史教育更多地把历史知识化，同时，个体就成了盛装历史知识的容器，而不是活化历史的生命体，这就加深了历史与当下生命之间的鸿沟，造成历史在当下个体生命之中的物化，历史成为个人思维记忆的材料，而不是生命的鲜活滋养。历史教育的根本问题是无人的历史教育，一是历史的去生命化，一是历史教育指向的去生命化。历史教育需要回归其本原，回归到对个体生命的悉心体贴与呵护。

首先，我们必须明确，历史教育的根本目标乃是为了激活当下人的生命空间，促进个体的精神成人。历史教育指向的是生命的丰盈，它指向的不仅仅是学生的眼睛和大脑，而且是学生的心，是学生的生命世界。历史教育的基本目标，就是要在个体的生命世界之中开启、培育良好的历史意识。历史意识是个人主体意识的重要组成部分，历史课程的学习不是增加我们知识仓库中的历史的相关累积，而是要提升个体生命在世的主体性，培养个体一种历史的眼，一颗历史的心，为历史所浸润的心。有了历史的眼和历史的心，我们就不仅仅是肉身地生活在大地上，而且是精神地生活在大地之上。我们在大地上行走，就处处可以与历史相遇，我们才可能"历史地栖居"在大地之上，也就是"诗意地栖居"在大地之上。

其次，历史同样需要还原成活生生的生命存在历史，成为有人的历史。只有这样，才能改变那种物化的、纯客观化的历史观，使历史学超越知识的立场，而进入心灵的立场、生命的立场，超越世俗层面的家国情怀，而进入精神层面的、超功利的生命情怀。我们目前的历史教育，更多的只有整体的历史，被格式化的简化的历史，缺少了一个一个的人的生命史，人文的关注、生命的情怀湮没在历史梗概之中，湮没在历史数据、事实与帝王将相的丰功伟业之中，湮没在物化的历史之中。我们需要回复历史的本来面目，还原历史作为活生生的生命的曾在，拉近当下生命与历史生命之间的距离，活化历史的生命意蕴，培育个体对历史的亲近感。

历史就是活生生的生命存在的历史，我们学习历史是要用历史来活化我们自身的生命空间，所以不是历史需要我们，是我们需要历史。当然，历史也需要我们去延续，但延续历史的根本意义还是在于当下和未来。我们应该改变物化的历史观，拉近历史与当下生命的联系。历史教育就是要活化历史，把历史的存在引入当下生命存在的过程。历史教育必须超越知识的教育，而成为提升个人主体性，提升生命中的历史意识与历史情怀的教育。正是生命化的历史与历史教育，使我们在大地上"诗意地栖居"成为可能。

第九章

交往与教育

　　人总是处在未完成之中，人生的过程就是不断与他人、世界交往的过程。教育不仅要让学生学会交往、乐于交流并积极走向更深更广的交往，而且凭借交往造就人的本质。

　　交往不仅作为教育手段，而且作为教育的目的，统一在整个人的教育历程之中。

一、交往与教育

"交往"（交流）的意思是指"彼此把自己有的供给对方、互相沟通"①。有人提出，交往的过程是寻找和发现共同点的过程或理解的过程，是一种不断寻找"共视"和"共识"的过程②。我们认为，真正的交往至少应当包含以下特征：（1）差异是交往的基础，差异的存在导致交往；但交往不是克服差异、排斥差异，更不是用一种既定的同一性去抹杀差异，交往是在承认差异的基础上对差异性的理解。（2）交往是两个或两个以上主体间的活动，真正的交往乃是基于独立的主体之间的交互活动。（3）交往意味着参与交往的对象均乐于积极地接纳对方，并倾吐自我，在相互接受与倾吐的过程中实现精神的相遇、相通。（4）参与交往的对象必须有足够的自由，方可使各自的内心敞亮，使交往走向深入。交往的双方作为具有独立人格的平等主体，彼此相遇相融，展开对话，实现人际中的彼此超越。理想的交往意味着人与人的"共契"，意味着团结、合作的可能性，意味着"去自我更新，去成长，去不断生成，去爱，去超越孤独的内心自我之牢笼，去关心，去倾听，去给予。"③ 同时，也只有在真正的交往中人们才能敞开各自的内心，实现精神的相遇和相容，才能在理解、对话、交流之中产生思想的碰

---

① 参见吴恒昌等编著：《古今汉语实用词典》，四川人民出版社 1992 年版。

② 参考马文通：《Communication 的译名和意义》，《读书》1995 年第 10 期。

③ 弗罗姆：《占有或存在》，国际文化出版公司 1989 年版。

撞、智慧的火花，领悟人生的真谛，获得个体的完满。

人是一种非特定化、未完成的存在物，人的不完善性与未确定性构成了儿童与周围世界差异的基本特征。儿童在教育中逐步走向完善性与确定性的过程，同样也是儿童逐渐理解与其周围世界的差异，不断达成与周围的世界"共视"和"共识"的过程。马克思早就指出："人的本质并不是单个人所固有的抽象物。在其现实性上，它是一切社会关系的总和。"① 但各种社会关系都不可能强加于儿童之上，从而使他们占有这些关系。儿童只可能践行关系，他们与周围世界的普遍交往是践行关系，正是践行这种关系的基本过程。人在广泛的交往中不断积累、成就自己的本质。交往越广泛、深入，人们就越能成为自己；而那些缺乏交往的人则易于失去自我，甚至根本就找不到自我。他们要么因缺乏根基而轻易被环境同化从而失去个性，要么与环境格格不入从而无法实现人的社会化。

显然，教育应该关注儿童与其周围世界的交往，引导他们不断理解与周围世界的差异，并与之达成某种"共视"和"共识"，建立某种关系，逐渐进入一个更明朗、更充实的世界，使之走向合一。在此过程中，儿童逐渐与周围世界更多更广地发生关系，进而更多地获得人的本质，并由此进入新的更深入的交往之中。人与世界的关系不会终止在某种已经形成的格局和已达到的范围与程度上，人总是处在未完成之中，总是在不停步地走向自己的完成性，走向与周围世界的合一，所以交往的过程乃是永不停息的过程。因此，教育不仅要通过交往造就人的本质，而且要让学生学会交往、乐于交往并积极走向更深更广的交往。交往同时作为手段与目的统一在整个人的教育过程中。

儿童在教育中的交往主要表现为：师生的交往，学生与教育影响的交往，学生与学生的交往，学生与生活世界的交往，学生与自我的

---

① 《马克思恩格斯选集》第 1 卷，人民出版社 1972 年版，第 18 页。

内在交往等方面。这些交往形式彼此相关，交互进行，作为密切关联的整体促进学生发展。诸种交往的畅通与深入，直接影响教育过程的深入和展开的程度，影响教育的效果和教育作用的发挥。

二、教育中的交往阻隔

教育本应增进儿童的各种交往，但在许多情况下，教育反而成了阻隔交往的因素。可以说，有交往，就有交往的阻隔。教育中普遍存在着交往阻隔的现象。

（一）师生之间交往的阻隔

师生交往是教育过程中最基本的交往，它直接影响其余交往的实现。师生在走向真理的过程中结成现时的师生关系，双方面向真理而展开初步交往，达成某种共通的感觉或共识。这种共识成为新的交往的基础，促使双方进一步敞开内心，引导交往的深入与拓展。在此过程中，学生能够感受到他们也是交往的主体，他们是在积极主动地获得感性、知性与理性的体悟与提高，同时还可以接受教师人格与情感的陶冶。这样，师生都是作为整体的人相互交往并从中获益。师生交往的广度与深度依赖于师生的努力，及相互开放内心的程度。

教学过程通常被视为教师给学生传授知识和技能的过程，教师成了知识和技能的占有者与代言人。教师把已经完全明确的既定的知识传递给学生，学生显然是受动者。在这种情况下，师生之间不存在共通的基础，没有在探求真理的过程中去寻找共识，面对的是静止的知识，双方都没有全身心投入于开放的探求真理的过程，这样，师生交往便不可能深入。不仅如此，当教育者以真理代言人的身份自居时，很容易"认为自己比学生优越，对学生耳提面命，不能与学生平等相待，更不能向学生敞开自己的心扉"①，这样自然会阻隔师生的交往。此外，如果教育者"缺乏爱心，以至于不是以爱的活动——而以机械的、冷冰冰的、僵死的方式从事教育工作"②，也会使由教师引导的教育教学过程机械、僵化，从而缺少充满爱心的交往。

学校教育行为以目的性、计划性、组织性作为基本特征，师生在教育教学过程中都要服从其目的与计划。但教师和学生都是活动中的复杂人，任何明确的目的与计划都不可能完全吻合多种多样情况下师生的活动。雅斯贝尔斯指出："凡是个人出于自由意愿而做之事，都不在计划之内。但是，可以给予一定条件，使人的自发性比其他条件下更容易发挥出来。"③ 显然，教育教学活动过程的计划性与限定性是有限的。目的与计划可以引导师生交往的方向，但是过强的目的性与计划性可能成为交往阻隔的因素。因为由于具体情况的多样，师生交往完全服从于某种先见的明确的目的，交往便难以按照此时此刻具体场合应走的方向深入下去。

社会赋予师生的角色行为也是产生师生交往阻隔的因素。带着"面具"的师生在交往中很难深入对方的内心，交往的深度便十分有限。

（二）学生与教育影响之间交往的阻隔

在教育影响的背后有一个潜在主体，即教育影响的创造或设计者。学生在教师的引导下，努力深入教育影响，去体会教育影响创造者的思想、情感与精神，让创造者反过来深入学生的内心，从而在学生与教育影响之间达成内在的富有影响力的交往，而不是表层的、形式化的简单接触。但在实际教育教学活动中，由于多种原因，学生与教育影响之间

---

① 雅斯贝尔斯：《什么是教育》，邹进译，三联书店1991年版，第1页。

② 雅斯贝尔斯：《什么是教育》，邹进译，三联书店1991年版，第24页。

③ 雅斯贝尔斯：《什么是教育》，邹进译，三联书店1991年版，第81页。

恰恰只能达成表层接触，从而使共同的交往无法深入而很快出现阻隔现象。

　　教师在学生与教育影响之间的交往中起重要的作用。可以从以下几方面分析：（1）教师的认识。如果教师根本就没有意识到学生与教育影响之间也需要交往，而只知道把既定的僵化的知识教给学生，那么此种交往就很难有效地实现。比如，一篇优秀的文学作品，当教师只知把段落大意、中心思想有条不紊地教给学生，学生的思维就不知不觉地被这些条条框框限制了，学生就不能以他们的内心与作者发生自由的交往。（2）教师的权威。由于师生生活背景、文化知识积累以及心理因素等差异，师生对某一教育影响的理解会各不相同，呈现多元状态。但由于教师的权威效应，教师提出的某种思维模式往往会自然而然地消解学生各自的思维方式，从而阻隔学生与教育影响之间的交往。比如，教师让学生听贝多芬的乐曲，每个人都在个人的体验范围内加以理解。老师按照自己的理解作出某种阐释，但老师的阐释决不等于乐曲的内涵，老师的引导也很可能并不切合学生的体验背景，不是学生实际感受的，而学生迫于老师的权威或检查，很可能违背自己的内心去服从老师的引导，这样必然发生学生与乐曲本身之间的交往阻隔。（3）教师对教材的态度。如果教师总是让学生视教材为某种神圣的权威，把书中知识过分静态化、凝固化，而不是把学生引向认识的进程之中，这样，在学生与教材交往之前就预设了一道无形的屏障，从而出现交往阻隔。

　　过分明确而僵化的教学目标也是阻隔学生与教育影响之间交往的因素。当学生整个学习过程完全服从于某个既定的具体目标时，便易使学生与教育影响之间的交往模式化、简单化，而且会排除与目标不相符合的交往方式与内容，从而出现交往的阻隔。特别突出的是考试，当师生都过分关注考试时，为迎接考试会自觉或不自觉地消解各种可能出现的不同的理解，走向一种"标准化"的理解，而不管学生对这种理解是否认同。学生对教育影响（文本）的不同理解出于某种压力而被迫消解之时，也就是交往阻隔发生之际。

教学活动的表演性质也是学生与教育影响交往的阻隔发生的客观因素。学生在教学活动中的行为不仅是为了自己学习的需要，还要考虑到对老师和其他同学作为观众可能产生的影响，这使学生不能忘我地沉浸于与教育影响的交往之中。他们往往为了"面子"而浅尝辄止或言不由衷，以致很难深入其中。比如，学生对某一问题本来有自己的思考，而在回答老师的提问时，为了给老师好印象，他不得不揣测老师的意图。这样，他就很难逾越老师的影响真正去领略问题可能给他的启示，也难于赋予问题以新的内涵，与问题之间就无法交往。

（三）学生与生活世界交往的阻隔

学生既是教育中的人，又是生活中的人，教育理所当然应该关注学生的生活世界，力求促进并增进学生与生活世界的交往，使学生通过接受教育获得生活世界的丰富和充实，生活世界又不断给予学生教育中不可少的体验、兴趣和对知识与真理的正确态度。这样，作为教育中的学生与作为生活中的儿童才能统一、协调，才可能真正实现儿童的和谐发展。

但是，在许多情况下，我们的教育并没有促进这种交往的实现，甚至还起了阻碍作用，使教育中的学生与其现实的生活各自封闭起来，形成阻隔。目前，普遍存在和产生厌学现象的一个重要原因便是这种交往的阻隔。教育本应该使儿童生活得更好，但现实的教育却成了跟他们当前的生活无关或关联甚少的活动，并没有带给他们生活的充实与更新，他们是在为学习而学习，学习就可能成为套在他们头上的枷锁，厌学之情由此而生。

把丰富多彩的教育教学活动变成单纯的知识授受与知识堆积是此种交往阻隔的根本原因。知识和技能的传授是必要的，但知识和技能并不等于生活中的智慧、思想、精神、生气。只有当教育者引导学生面向他们眼前的生活世界，把知识和技能引向他们当前的生活世界，化为他们对生活世界的认识与思考，并作为活的思想与智慧充盈于他们精神生活世界时，教育影响才成为学生作为生活中的人的生气勃勃的精神。显然，如果把知识和技能的积累本身作为唯一的根本的目的，学生与生活世界的交往就不会发生，作为教育中的学生与作为生活中的儿童便没有沟通。

教育对儿童未来的过分关注，甚至把教育只看成未来生活的准备，从而忽视儿童当前的生活，教育赋予学生的知识和技能只是为了他们今后成人的生活，跟他们当前的生活世界毫无关联或者根本就不去关联，那么，知识和技能就难以转化成活的智慧与生气，由此也必然加深教育中的学生与他们当前的生活世界交往的阻隔。

（四）学生与学生之间交往的阻隔

学生与学生之间的交往是儿童接受教育的一条重要途径。他们年龄相仿，彼此相通之处更多，易于相互敞开心扉，进行交往。在学生与学生之间丰富而广泛的交往中，学生逐渐获得人际关系与人际交往规范的理解与认同，并得到诸如真诚、友爱、关心、尊重、善良、公正、谦虚等品质的陶冶，实现人格的相互感染，在成就自己的同时也成就他人。

教育在增进学生与学生之间交往的同时，也产生了许多阻隔这种交往的因素。其中之一是教育对学生的评价。考试、评优、竞争等是教育通常采用的手段。这样，学生与学生之间就不是纯粹的同学、伙伴关系，还有竞争对手等复杂的关系交错并存。如果教育引导不当，就很容易造成作为竞争关系的学生与学生之间的交往阻隔。

各种非正式群体的出现与阻隔也是产生学生与学生交往阻隔的因素。"物以类聚，人以群分"。众多学生走到一起，会不自觉地因兴趣、爱好、性格等的相似和地域的相近等组成不同的小群体。教育尽管提倡因材施教，但实际上教育更关注的是品学兼优。这样，教育者对不同的非正式群体关注的程度便存在差异，从而影响他们对这些群体的沟通作出恰当的努力，很容易导致学生中不同群体之间个体交往阻隔的加深。

教育要求教师爱全体学生，不偏爱、不溺爱，但由于教师也有自己的兴趣爱好、喜怒哀乐，所以很难避免因此对不同的学生产生不同的态度。这很容易导致学生的心理不平衡，甚至形成某些学生之间的隔阂。教师对学生的不同态度，也就成为阻隔学生与学生交往的因素。

（五）学生与自我交往的阻隔

有许多东西，比如生活的目的与意义、道德等，是不能直接接受或者说不能强加给学生的，只能积极引导学生去反省自己的过去与现在，思考他们的未来。在自省过程中，学生的过去、现在与未来，现实的"我"与理想的"我"，实然的"我"与应然的"我"获得深入的交往与沟通，通过这种交往来从内心确定各自生活的目的与意义，体认各自的道德规范并成为内在的德性修养。狄尔泰明确指出，人是什么，只有他的历史才会讲清楚，所以对人的全面理解有赖于对人的全部文化历史的把握①。教育只有充分调动各自文化历史的作用，增进学生自我的内在交往，才可能更有效地实现教育目的。

在实际的教育中，教育者并没有耐心地去疏导学生自省的渠道，往往急于求成，恨铁不成钢，片面强调学生应该怎样，必须怎样，试图把教师的认识想方设法塞进学生的脑袋，从而阻隔与学生的交往。

教师对学生的不恰当评价也是促成学生内在交往阻隔的因素。由于教师的权威性与影响力，其对学生的评价往往会影响到学生对自我的态度，自暴自弃或者骄傲自满，都会阻隔学生交往。

----

① 转引自邹广义：《试论文化哲学的理论源流》，《文史哲》1995 年第 1 期。

从以上分析可以看出，交往与交往阻隔是教育中普遍而并存的现象，对此应予以足够的重视。

三、交往阻隔的原因

师生交往在教育交往中起着主导与核心作用，教育情境之中的交往阻隔，核心的阻隔就是师生之间的阻隔。造成师生教育交往阻隔的原因也有很多，师道尊严、文化传统有意无意地延续的教师身份意识是其中关键的因素。随着教师教育的普及与教师职业的成熟，当代教师大都以受过教育的人的形象展现在教育他人的时空之中，闻道在先，术业有专。他们拥有比学生丰富的知识，成熟的社会生活经验，对世界有更真切的了解，熟悉各种道德规范。他们接受了社会寄予的角色期待以及角色权利，他们已经"社会化""文化化"。

作为"社会化""文化化"的受过教育的教师形象大致可以分解成三种角色：（1）知识的占有者和代言人。在师生以知识授受作为基本内容的关系中，客观地存在着知识占有的不平等，这使得早中期学龄儿童自然地把教师当成了知识的化身，教师就是真理，老师说的就是正确的，而教师往往也以知识代言人身份怡然自得。（2）道德的化身与道德规范的训诫者。教师常常以师表者的形象出现在学生的视线里，作为道德的化身向学生训以各种行为规范与准则，对学生的言行品性进行评说，以规范者的姿态来调节学生言行。（3）社会要求的代表。教育中的主要矛盾通常被表述为学生已有发展水平与社会要求之间的矛盾。教师自觉不自觉地充当了社会要求的代表，他们代表祖国、代表党、代表人民、代表社区，甚至也代表家庭，不断地向学生提出教育要求。在教师的频频代言中，学生被时刻置于社会要求与社会期望的激励与约束之中。

教师以受过教育的形象站在学生面前，"我们已受过了教育，你们才刚刚开始"。对于教师来说，教育已是完成时；对于学生来说，教育是进行时，教师的人格优越性不言而喻，一方（包括教师自身、社会以及学生）被视为已经完成，一方（同样包括教师、社会、学生自身）则被视为刚刚开始塑造，只是人格雏形，师生人格便在教师、社会、学生的"共视"里形成了事实的不平等。教师人格的优越性为教师在教育交往中的强势地位提供了内在的依据，这意味着教师总可以理直气壮地对学生发号施令、品头论足，可以堂而皇之地"教训""教导""教诲"学生，居于教育的中心和主导地位，因为"我们已经完成，你们还刚刚开始"。"我过的桥比你们走的路还多"，这或许是挂在我们许多教育者口头或心上的名言。这意味着师生人格交往中一方是不变的，不需变的；要改变的只是另一方，是学生，教师把其人格旨趣与意愿单向地施予学生；一方是施动，一方是受动。在这种不平等的人格交往中实际上很难有真正的对话交往、相互沟通、互相濡染。与此同时，教师为了维护自身的"完成性人格"，常常不得不在学生面前掩饰自我，把真实自我掩藏在"师范"之后，造成教师人格的双重性，双重人格之间的紧张会构成教师重要的心理压力，教师不得不承受这种压力。

造成教育情景中交往阻隔的深层原因，就是教育过程的技术化，教育过程成了依葫芦画瓢、按部就班地完成某种既定程序的过程。教师和学生都成了这一流水线上的工具，扮演着确定的角色。师生、生生交往在教育过程中仅具有服务于教学任务要求的工具性价值，其目的性价值往往被忽略。我们在实际的教育活动中并没有也不需要真正地认识到交往之于教育的意义，也没有从根本上理解到什么才是真正的交往，交往在教育中的沉沦便在所难免。

四、走向交往的教育策略

从前面的分析中可以看出，有许多客观因素造成交往的阻隔，比如师道传统的延续，教师实际水平的不足，社会对教育的不当规范，应试型教育的需要，不切合当下实际的教育目标等，都是教育不可能完全解决的问题。但这并不意味教育对之无能为力，我们应有相应的策略，尽可能减少阻隔，增进交往，力图使交往更广泛，更深入。为了更有效地增进交往，必须充分认识并正确处理以下几方面的关系。

1. 教育与交往的关系。教育需要交往。交往不仅是教育教学过程展开与深化必不可少的途径，而且还直接影响着教育效果和教育作用的发挥，交往不仅是教育的手段，而且是教育的目的，通过教育使人能与世界进行更广泛更深入的交往；通过交往使教育不断深化和提高，使儿童在人与世界的广泛交往中一步步地走向人的完成性。人在教育中，意味着人在交往中。如果没有深入而广泛的交往，就不是真正的教育。只有意识到了教育与交往的关系，才有可能自觉地、积极地促进学生各种交往的实现。

2. 过程与目标的关系。既定的教育教学目标是外在于教育过程的，是单一的、固定的和静态的；教育过程则时刻处于运动、变化之中，它总是复杂的。而交往属于过程，在教育过程中进行交往。显然，要以不变去应万变，以简单去应复杂，只会束缚变的过程，阻隔过程中的交往。所以，应加强目标的自由度与灵活性，把目标化为可变的、暂时的、开放性的参照点纳入过程之中，让变来适应变，让交往能在过程中按照其应有的方式与方向深入，让学生感受到学习过程的充实与有力。预先的目标只能引导交往，不能也不应该控制交往。教育教学的计划性应保持一定的限度，那种完全依照外在目标而制订的程序化的教育教学，不利于交往的深入与过程的有效展开。

3. 权威与自由的关系。在教育中树立一定的权威是必要的，包括教师的权威、教材的权威等。学生"在他的发展过程中，他需要精神支柱，生活于敬畏的关联中；当他还不能出于自我本源自己做决定时，他必须依靠其他人作出决定"①，教育中适当的权威可以成为学生的一种精神支柱。但权威不应该束缚学生的思想。当权威凌驾于实际的交往过程之上时，就会阻隔学生思想的开放，同时也会阻隔教育者自身思想的开放。所以我们认为，必须让师生都有可能自由而忘我地投入于教育过程，在其中"与人格平等的求知识获智慧的人进行富于爱心的交往"。

4. 过去、现在与未来的关系。教育对学生的过去与未来的关注都是必要的，但更当应加强现在，因为教育活动是现在，是此时此刻。要让师生专注于教育，就要让他们专注于此时此刻的教育。"假如过去和未来没有加强现在的话，那么就毁灭了现在。"② 我们不能让过去成为学生"背负着一个惰性的未消化的异物"③，也不要让学生只是去为未来作准备，我们要让学生全心全意投身于现在，投身于现在的教育、现在的交往，为走向未来、走向社会作准备。

5. 教育与生活的关系。教育中的学生同时也是生活中的儿童。从终极意义上说，教育旨在使人生活得更美好。所以，教育应不断地将其影响力渗透到儿童现时的生活之中，增进其生活中的智慧、精神、沛然活泼的生气，使作为教育情景中的学生与作为生活中的人通过交往而统一起来。这样教育就能积极地把学生作为成长中的人引向广阔的生活的世界，学生就真正在通过教育走向生活。

6. 师道尊严与教育尊严的关系。就师道尊严而言，今天师道的尊严应当建立在教育的尊严之上，而教育的尊严源自教育的相对独立性。蔡元培先生提出："教育是帮助被教育的人，给他能发展自己的能力，

①　雅斯贝尔斯：《什么是教育》，邹进译，三联书店1991年版，第2页。
②　雅斯贝尔斯：《什么是教育》，邹进译，三联书店1991年版，第41页。
③　参见马斯洛：《自我实现的人》，三联书店1987年版。

完成他的人格，于人类文化上能尽一分子的责任；不是把被教育的人，造成一种特别器具，给抱有他种目的的人去应用的。"① 所以，蔡先生主张，"教育事业当完全交与教育家，保有独立的格，毫不受各派政党或各派教会的影响。"不仅如此，"教育者，非为已往，非为现在，而专为将来，所以，教育家必有百世不迁之主义。"教育应有超然于一时之利害，超然于政治、经济之追求，那就是培育"健全之人格"。师道的尊严正在于对教育理想、教育尊严的坚决捍卫和维护。当教育从政教合一的模式中解放出来，师道的尊严也应从"治道"中独立出来，牢牢扎根于教育自身，谋求自身独立的尊严。当我们倡导师生平等时，同样并非否定师道尊严，相反，我们强调教育的"价值引导"，"说教育是一种价值引导，即是指教育是投射着、蕴含着教育者的主观意趣的引导活动；这种主观意趣内含着教育者的价值选择和价值预设……体现着社会的意志，体现着教育者的人生追求和教育意向"，② 否认"价值引导"，就是"消解教师的作用，就是放弃教师的责任"；否认教育的"价值引导"，就是否认教育的尊严，就是否认师道的尊严。问题在于，我们究竟以何种态势去引导？是以居高临下的态势还是以平等对话的态势？玛格丽特·米德曾意味深长地提出："必须将未来培植于现实之中，培植于由男人、女人和孩子组成的社会之中，培植于我们每一个人之中。"③ 教育就是培植未来！这意味着教育的使命是多么重大，教育要将人类的文明火种培植于年轻一代的心灵，让他们"自由地成长"，"积极地投身于开放和自由的未来"。④ 这样，教育的尊严将不会淡化，反而更应该加强。

① 高平叔编：《蔡元培教育论集》，湖南教育出版社 1987 年版，第 334 页。

② 肖川：《教育的真义：价值引导与自主建构》，《方法》1998 年第 11 期。

③ 玛格丽特·米德：《文化与承诺》，周晓虹译，河北人民出版社 1987 年版，第 98—99 页。

④ 玛格丽特·米德：《文化与承诺》，周晓虹译，河北人民出版社 1987 年版，第 100—101 页。

也许，我们应该尽可能地摒却那种外加的先在的"尊严"，要以自身的真诚努力来赢得属于自己的真实尊严，这种尊严不依赖于外在的权威、权力，而是以我们的真实人格、智慧、理想、精神、态度作为内在的依据。置身学习化社会，吁求教师一种开放的人生态势。教师作为曾受教育的人的形象，并非完成时，应该保持一种自我本身也"待教育"的心态，这不仅仅是指教师要不断学习吸收新知识，更是指教师应该保持一种与学生平等的开放的学习心态，把自身还原于开放的未完成性的人生历程之中，真诚地接纳学生，教学相长。知识的更新加快，这意味着教师实际上根本就不可能成为知识的代言人。知识授予型的教育渐次向知识创造型教育转换，学生学习知识更多地向学会学习转换。以知识授予为中心的教育中教师的主体性地位是鲜明的，以学会学习为中心的教育显然要把学习的主体交予学生，这意味着教师更多的是学生学习活动的参与者、合作者、指导者、建议者，而非单纯的控制者、支配者。如果说在过去相对稳定、封闭的文化系统中，教师是尚可凭着自身的文化陶冶和经验积累，充当学生的人生导师，但今天却不再如此。不仅父辈已"不再是人生的向导，而且根本不再存在向导，无论是在自己的祖国还是整个世界，人们都无法找到指引人生的导师。"① 这意味着教师必须放下道德代言人的面纱，以真实的人格去濡染学生的人格，以自身做人的尊严去激励学生的尊严。

要引导学生在教育中走向普遍而深入的交往是一个十分复杂的系统工程，几乎要涉及教育构成要素的各个方面，包括教师、学生、教材、教育目标、教学计划、社会对教育的规范要求等等。在此，我们只是选取了几对主要关系作粗浅论述，旨在抛砖引玉，引起大家足够重视，关注交往，呼唤交往，增进交往，走向人与人、人与世界之间的积极、广泛、深入的交流。

———————————

① 玛格丽特·米德：《文化与承诺》，周晓虹译，河北人民出版社 1987 年版，第85 页。

第十章

德性与教育

　　德性是人的生活的基本依据，没有德性的生活就像缺少了水分的沙漠。

　　德育过程就是引导个人合于德性的现实生活展开的过程，德育的根本目的是人的幸福生活。现代德育的困境在于与生活疏离。走出困境的出路是向生活回归，从德育走向生活和从生活走向德育是两条基本的德育途径。

一、德性·生活·德育

（一）德性与生活

亚里士多德在《尼各马科伦理学》中提出："那种永远为自身而不为他物的目的是最完满的、绝对最终的目的，是最高的善。"善是人类本意的目的，"它是无待而有，不感困乏，使生活愉快。"善，对人类意味着一种幸福，"善是最高的幸福。"而"人的善就是合于德性而生成的灵魂的现实活动"①。在此虽然亚里士多德把德性的获得与践行看作达到目的的手段，手段与目的关系是内在的而非外在的。所以按照亚里士多德的看法，作为人的好生活的目的是和德性联系在一起的。德行的践行就是好生活的重要部分。德性的生成离不开生活，"我们必须先进行有关德性的现实活动，才能获得德性。一切德性通过习惯而生成，通过习惯而毁灭"。② 个人不可能在生活之外去形成内含于个人整体生活的德性。

麦金太尔继承亚里士多德传统，提出："一种德性是一种获得性品质，这种德性的拥有与践行，使我们能够获得对实践而言的内在利益，

---

① 亚里士多德：《尼各马科伦理学》，苗力田译，中国社科出版社 1990 年版，第 1 卷，1094a，1097b，1098a。

② 亚里士多德：《尼各马科伦理学》，苗力田译，中国社科出版社 1990 版，第 2 卷，1103a。

缺乏这种德性，就无从获得这些利益。"[1] 他的"实践"是指通过一定的人类协作活动方式，在追求这种活动方式的卓越的过程中，获得这种活动方式的内在利益。他的内在利益是相对于外在利益而言，指某种实践本身内在具有的，除了这种实践活动，任何其他类型的活动不可能获得。内在利益既是实践本身的成果，又是内心的充实，是作为人而言的好生活。[2] 麦金太尔同样把德性、实践与个人生活看成内在不可分割的关系。

根据亚里士多德的德性传统，生活的目的是其自身的善，善的生活构成人类的幸福；德性是内在于生活并走向好（善）生活的途径，德性的完满即是好生活的重要部分；德性是一种获得性品质，它的养成离不开生活。

（二）德育与生活

"实践的目的就是实践活动自身。"[3] 德育过程乃是"有关德性的现实活动"的展开，德育作为实践活动其目的就是在现实活动中获得德性的完满。"德育的功能在于育德。"[4] 准确地说，德育的内在功能就是育德，就是培养人的完满的德性。[5]

---

① 麦金太尔：《德性之后》，龚群译，中国社科出版社 1995 年版，译者前言第 18—19 页。

② 麦金太尔：《德性之后》，龚群译，中国社科出版社 1995 年版，译者前言第 22 页。

③ 亚里士多德：《尼各马科伦理学》，苗力田译，中国社科出版社 1990 年版，第 1 卷，1094a。

④ 李道仁：《德育的功能在于育德——评鲁洁教授的德育功能观》，《教育研究与实验》1995 年第 4 期。应该说，鲁洁教授的德育功能观点是很有见地的，它只是无意于作内在与外在功能的区分，意在拓宽人们对德育的视野。

⑤ 育德即培养受教育者的品德。培养人的德性乃是培养人之为人的特性。二者不完全等同，但可互相通约。

德性的养成离不开个人生活。生活是一个连续的过程，时刻都在进行之中。德性的养成也是一个长久的教化过程。人不可能在生活进程之外同时进行另一个过程。所以，德育过程总是内含于生活过程之中，人的生活是德育活动的起点、背景、空间和归宿，德育不可能凌驾于生活之上。德育在人的生活中展开，德育过程就是合于德性的个体生活开展的过程，在此有关德性的现实活动过程中获得个体德性的完满。

德性的完满即构成人的好生活，德育的根本指向乃是个人生活的善即好生活。真正的德育引导个人的德性在现时生活中展开并不断充盈于个人当下的生活，从而使个人感受到当下生活的充盈与完满，快乐地践行个人生活的善。善的生活意味着人的幸福。"幸福是终极的和自足的，它是行为的目的。"① 德育的根本目的乃是培育、引导个体好的生活，指向生活的幸福。

由此我们提出，德育的功能就是培养人的完满德性；德育过程是引导个人合于德性的现实生活展开的过程；德育的根本目的是人的好生活，是生活的幸福。

二、现代德育的困境：德育与生活疏离

（一）生活对德育的疏离

社会发展至今，由于科学技术的进步，生产力大幅度提高，物质出现了前所未有的丰富，人不知不觉就陷入了铺天盖地的物质世界。不仅如此，人们对物质的欲望也越来越大，这使得人陷入物质主义的泥坑而难以自拔，有用性成了生活的唯一尺度。"他把自己封闭在事物的有用

_____

① 亚里士多德：《尼各马科伦理学》，苗力士译，中国社科出版社1990年版，第1卷，1097b。

性之中，一旦关上窗户，他便看不到有用性范围之外还有什么。"① 这样，"德性和善是一切事物的尺度"② 的传统便自然地失去了存在的根基。德性不再作为生活的核心而退居边缘，不再作为整体生活的尺度反"沦为实现外在利益——功利的工具的地位了"。③

与物质主义密切相关的是工具理性的扩张与技术的至上。"20世纪是第一个技术起决定作用的方式重新确定的时代，并且一开始使技术知识从掌握自然力量扩转为掌握社会生活，所有这一切都是成熟的标志，或者也可以说是我们文明危机的标志。"④ 人并不能完全主宰技术，技术却反过来主宰了人。"人的本质被一种力量框住了，被它要求着，挑战着。这种力量在技术的本质中显示出来，人自己无法控制它。"⑤ 工具理性的高扬满足了人们的崇尚物质的需要，长期处于物质贫乏状况中的人们自然趋之若鹜。作为价值理性的伦理道德不可避免失去了生活的宠爱，失去了规约生活的力量。

现代社会强调个人利益，越来越多地赋予个人以独立和自由，非个人的标准已不再成为个人认可并乐于接受的生活基本准则，个人自由决定自己生活的方向。个性得到了极大的张扬，个人不再刻意追求人与人之间的共通性，"己所不欲，勿施于人""己欲立而立人，己欲达而达人"的德性传统无法为继。人们越来越多地被赋予选择道德与选择何种道德的自由，共性的追求不再成为德育的庇护，个人可以自由决定是否接受德育影响。这乃是一种历史的进步，同时又意味着

---

① 赫舍尔：《人是谁》，隈仁莲译，贵州人民出版社1994年版，第76页。

② 亚里士多德：《尼各马科伦理学》，苗力士译，中国社科出版社1990年版，第10卷。

③ 麦金太尔：《德性之后》，龚群译，中国社科出版社1995年版，第257页。

④ 转引自何中华：《回到自身：世纪之交的哲学重建》，《学术月刊》1995年第10期。

⑤ 海德格尔：《人，诗意地安居——海德格尔语要》，郜元宝编译，上海远东出版社1995年版，第146页。

德育力量的消解。

物质主义与工具理性的高扬造成了德性在生活中的失落，大大削减了德育在生活中的地位，削减了德育之于生活的吸引力。个性的高扬与共性的失落则意味着尽管德性已越来越远离生活，恨铁不成钢的德育又无可奈何，它必须尊重个人的自由。这样的结果是生活越来越疏离德育。

（二）德育对生活的疏离

在生活逐渐疏离德育的同时，德育并没有积极应对，反而出现了背离生活的倾向，这样就加大了德育与生活的距离。

现代德育过分地强调外在功能，德育活动过多地着上了功利色彩。受外在功利性制约，德育活动便不能按其当下应有的内在方式深入，从而不能使活动过程有效地充盈与愉悦。德育更多地进行的是与个人真实生活并无关联的活动，这样德育并没有改善个人当下的生活状态，个人不可能获得因德育展开的过程而带来的个人生活的充盈与完满，德育影响与个人生活异质，德育影响会自然地受到个人当下生活的拒斥，从而使德育在个人生活中趋于失落。

现代社会分工的加剧与现代生活变化的加快，使个人的整体生活为自身不同的角色分割，现代生活难以成为一个统一的整体。人们在不同角色中履行不同的责任、完成不同的任务、遵循不同的准则。"现代把每个人的生活分隔成多种片段，每个片段都有自己的准则和行为模式。"[1] 与此同时，现代德育并没有表现出对个人整体生活与内含于整体生活之整体德性的关注，过分地强调角色道德与职业道德，更准确地说是角色规范与职业规范。它强调的乃是角色行为和职业行为必须遵循的基本准则，而非个人整体生活的德性。个人遵循规则的行为是一种"创制"而非个体的道德"实践"。这样就加剧了个人整体生活与角色

---

[1]　麦金太尔：《德性之后》，龚群译，中国社科出版社 1995 年版，第 257 页。

行为、职业行为的分离，大大削减了道德的内涵，淡化了德性的内在精神，最终意味着德育对个人整体生活的软弱无力。

困境是客观存在的。现代德育必须面对物质主义、工具理性与个性滥觞的事实，此构成德育的外在困境；必须面对远离生活而自身乏力的事实，此构成德育的内在困境。如果德育不能在解决以上问题中找到突破，德育将不可能走出失落。

困境的焦点在于德育与生活的疏离。"教育要通过生活才能发出力量而成为真正的教育"。① 德育同样也要而且必须通过生活发出力量才能成为真正的德育。现代德育走出困境的关键在于回归生活。

三、走出困境：德育向生活回归

（一）回归生活——德育外在困境的突破

现代社会鼓励并且尊重个人对物质的追求。问题在于盲目与过分。在四处高举经济利益的前提下，德育提倡个人在追求物质享受的同时要注重精神追求，在实际中此两手抓便很难避免一手硬一手软的结局，德育流于空泛。要从根本上突破物质主义的樊篱，唯有指向物质之上的更高目的——生活的幸福，好生活。生活的目的在生活自身，在生活的善。物质在走向个人生活幸福的过程中只是外在的基础与手段。物质本身是非自足性的。德性作为手段与目的内在地统一于生活之中。这样，有用性作为手段的手段便不再是生活的尺度，德育就可能重新渗透生活。所以，德育应该的指向乃是个人的幸福生活，德育只有把人引向生活，引向好生活，引向对好生活的追求，才可能摆脱以手段取代目的，以生活手段作为生活标准的歧途。

---

① 陶行知：《陶行知教育文选》，教育科学出版社 1901 年版，第 267 页。

　　科学技术是现代文明的标志，我们的日常生活中不是多了而是少了科学的精神。问题在于，对科技的盲目崇拜支配了个人生活，使个人生活迷失了方向。在崇拜科技的信条下高喊要弘扬价值理性必然是微弱的。要突破工具理性独尊的地位，必须要回到工具理性和价值理性共同的指向——生活世界。个人的生活世界原本是整体性的、不可分割的。完整的生活世界离不开完整的经验，"生活是经验的生活"①，只有经验的整体性，才可能建构生活的整体性，才可能实现人、生活的完整性。单纯依靠科技理性显然无法获得个人完整的经验。个人只有让工具理性和价值理性共同进入自己的经验，才可能获得经验的完整，才可能实现生活的完整与充盈。幸福的生活离不开生活的完整性。德育应该把人引向人的可能生活世界，引导人去积极建构个人完整的生活经验，追求生活的完整性，在完整生活的建构过程上同时获得德性的完满，实现德育的目的。

　　个性解放乃是人类发展的表现，是人类长期力争的结果，强调个性的发展是时代的潮流。现代社会已很难建构一套统一的、客观的、非个人的标准，事实上已不可能再重新恢复古典时代的德性传统。强调个性意味着尊重个人的选择自由。个人决定自己的生活。个人可以选择高尚无私的生活，也可以选择在不违法乱纪的前提下平庸自私的生活。不管是高尚还是平庸，都是生活，你必须对自己的生活负责，德育引导你去选择而绝非强迫你去选择——强迫之下实际上不存在选择。德育不可能让人彻底放弃当下的生活来接受另一种规范的生活，选择总是自愿的，个人只可选择可能接受的生活。这并不意味着德育放弃教化功能，而是指德育转换居高临下的教化姿态。德育必须先尊重真实的个人生活，在此基础上逐渐拓宽个人的生活视野，拓宽更广的、践行个人生活意义的途径，从而更多地践行人类生活的共性，逐步提升个人的生活境界。只

---

　　① 　金生鈜：《教育科学与人文教育的整合》，《教育研究》1995 年第 8 期。

有尊重个人的生活，才可能赢得生活的尊重。个性总是再现于个人生活，表现为个人生活的特性。扼杀个性意味着扼杀个人生活的丰富与独特性，现代德育决不应该如此，而是保护人的个性，引导个性更好地展现并充盈于个人的生活，获得当下生活的充盈，并在此过程中寻求人类生活的共通性。

（二）回归生活——德育内在困境的突破

内在困境的关键在于德育偏离了其本意的目的。强调德育的外在功能未尝不可，问题在于，如果其内在功能都未能很好地实现，那么它怎么可能充分地实现其外在功能？个人的生活并非为了成就政治、思想、道德品质；相反，成就政治、思想、道德品质是为了更好地生活。"国家产生于生活的需要，并为美好的生活而继续存在"（亚里士多德《政治篇》）。

亚里士多德曾把生活分成三种：享乐的生活、政治的生活、思辨的生活。在他看来，德性比荣誉更能成为政治生活的目的，故政治活动亦内在地指向个人生活的完满。德育在引导牵涉政治思想品质的现实活动展开的过程上，应使之成为个人生活进一步拓展的活动，是内在于个人整体生活的，个人在此过程中能感受到生活意义的相应拓展与生活的充盈，个人能领略因其有关政治思想品质活动的展开带来的生活富足。德育不可能劝导人真诚地去做与其当下真实的个人生活毫无关涉的活动，去献身于个人生活世界之外的某个目的，除非该目的成为一种生活的精神内含于个体生活世界，则该目的已经成为个人生活世界的一部分。

现代社会强调角色行为与职业行为的正当与合理，并不强调把完整的个人投入于角色的职业之中，使得人与行为分离，职业规范与个人德性分离。"不同人从事不同的工作，偏重于不同的活动，具有不同的生活经历，但作为生活中的每个人，他是整体性的，不可分割的。他不可能仅仅局限于某一活动中，他的生活不可能仅仅局限于某一特定的狭隘的范围。"① 任何人在任何时候，他首先是人，然后才是特殊的人；他首先是生活中的人，然后才是从事某项特殊活动的人。个人的德性是角色规范与职业规范的基础，只有以个人德性来统摄人的职业规范，才可能使职业规范内化为个人整体德性的一部分，并真正成为个人真诚的行为准则。只有使人的德性渗透于生活全过程，才可能保持生活的整体性与统一性。这样，职业规范的遵循就不仅仅是个人职业行为公正合理的保证，而且是当下个人生活完满的重要内容。当个人倾其身心入于职业行为中，此行为即是个人的生活行为，个人生活由此而统一。这样，德育不是在加剧个人生活的分离，而是在增进并维护个人生活的完整与统一性，从而实现人之为人的统一与完整。

四、德育回归生活的基本策略

（一）让德育回归生活：新德育观的建构

我们先来剖析一下德育的现状。德育的内容全面、目标远大，德育期望中的个人都能成为品性高尚的有用之才，这无可非议。但现实中个人的生活境界客观存在着高下之分，至少在很长一段时间不可能让每个人都生活得高尚无私，我们必须在一定限度内尊重个人的独立性、独特性和基于个人独立之上的个人的选择自由。德育追求完美的目标，力求把人引向纯而又纯的生活，这脱离了现实生活实际。完美的人格理想无法转化为人的真实人格，表明现实德育的理想化。每个人的生活总是独特的、具体的、不可代替的。个人生活是德育的内在基础与背景，个人只能接受他的生活所能接受的影响。现实德育以规范和权威自居，关注

---

① 金生鈜：《教育科学与人文教育的整合》，《教育研究》1995年第8期。

的不是真实的个人生活，而是理想的生活范式，过分地强调德育的超越。这意味着对个人生活的不尊重，对因材施教理念的背离。个人关注的是真实的生活，现实德育关注的是规范的生活，个人与德育之间，缺乏对话的语境，这意味着德育过程的阻隔。现实德育过分强调外在功能，而忽视内在的目的，忽视人自身的生成与完善，过分强调结构而忽视过程的完满，这意味着教育的外化、功利化，外在目的对内在目的的僭越。现实德育强调职业行为规范，试图通过外在的约束性实现社会的正常秩序，从根本上淡化了个人内在的德性意识与道德力量，这意味着德育对其自身的背离。这样，由于德育根本就没有深入个人的生存状态，大量活动都外在于个人生活，所以，德育的投入巨大而收效甚微便理所当然。概而言之，现实德育，**良好的愿望，不当的方式，低下的效果，甚至还造成了人们对德育本身相悖逆的不良心态。**

回归生活的德育观认为，德育并非与个人生活毫无牵涉，而是以个人生活为起点同时又是归宿的、内含于个人生活进程的活动。德育过程是关于德性的现实生活展开的过程，在此过程中获得的不只是德性的充满，而且是个人生活的完满。德育过程是通向个人好（善）生活的过程，德育的根本目的是个人的幸福生活。回归生活的德育观直接指向真实的个人生活，强调生活实践，强调德性的现实活动，以内在的德性统一个人整体的生活来适应各种社会角色，以实现生活与人的完整性，谋求社会的秩序，这不仅尊重了个人，也尊重了社会。回归生活的德育观明确提出生活幸福是德育的根本目的，这从根本上强调德育的内在目的，也在事实上保证了外在目的的实现。新德育观强调德育过程是个人现实生活展开的过程，是德性完整也是生活完满的过程，这既关注了过程也关注了结果。新的德育时刻从个人生活实际出发，指向个人生活所能接受的可能生活，并把好生活作为根本导向，既尊重了现实，又注重了理想。新的德育观以个人真实生活为基础，德育与个人之间具备共通的对话语境，从根本上保持了德育过程的畅通。新德育观强调在个人的现实生活展开的过程走向自己的好生活。如同个人不能揪着自己头发提起自己，生活中的个人不可能脱离真实生活来提升个人生活。适应是超越的基础，超越是适应的方向。新的德育观的超越是指内在地提升个人的当下生活现实，走向可能的好生活，它体现了超越与适应的合一。

（二）把人还给生活：对德育对象的再认识

现实的德育力图把社会要求内化为个人的道德品质，它以外在要求为起点，期望中的个人都可能经由此途径而实现外在的要求，它并没有关注个人真实的生活状态，它把现实的个人看成理想的个人，看成外在影响的接受器和贮存器。结果是，个人通悉有关知识和规范，却没有内化为个人的生活精神并在生活实践中践行。期望越高，失望亦越大。

回归生活的德育观强调人就是人，是真实生活中的真实个人。"既不是天使，又不是禽兽"。① 人在德育活动之前、之中、之后都生活着，德育的对象就是生活中的个人，德育的目的就是让人生活，让人更好地过现实的、有德性的生活，即世俗的生活。德育绝非引导人脱离真实的个人生活而纯然进于一种理论的、规范的生活。人生活在他的生活世界之中，德育绝非另外建立一个并不存在的生活世界让人去生活，而是在现实的人的生活世界里引导人去生活，引导人及其生活的提升。

幸福是人生的根本目的。新的德育观尊重个人追求幸福的权利，并把好（善）生活作为其根本指向，体现了对真实个人的深切关怀。人在生活中选择，选择他可能的生活。新的德育观尊重个人的选择自由，不试图凌驾于个人生活之上，以外在的规范来强迫个人改变自己的生活方式去适应规范生活，而是从真实的个人生活实际出发，内在地培养个

---

① 帕斯卡尔：《思想录》，何兆武译，商务印书馆 1985 年版，第 161 页。

人的责任意识，逐步引导个人自己去规范自己的生活，不断走向更有德性的生活，好的生活，这从根本上体现了对个人主体性的尊重与阐扬。

现实的德育把品质的生成看成终极的目的。"生活是泥土，品质是形式。"① 品质从本意上说乃是生活的品质，是现实活动的品质。品质必然要随生活的变化而变化，品质是非终极性的，没有永久不变的品质。德育的终极目的不是人有德，而是人有好生活，不是独立的脱离生活的品质，而是实践着的人的生命活动的品质，是生活的品质。现实的德育以终极化取代了非终极化，以中点取代了终点。新的德育观始终把人的品质与人的生活紧密结合，品质在现实活动的展开中生成，又回归于现实活动之中，人不是纯粹的品质占有者，而是始终在生活实践中彰显德性品质的真实个体，把人永远引向追求好生活的生活过程之中。

（三）从德育走向生活：德育途径之一

要实现德育向生活的回归，德育要先改变自己疏离生活的形象，主动关怀生活，建立与个人生活世界的广泛联系，拓宽德育影响与个人之间的对话语境，赢得生活的尊重，有效地渗透个人整体生活，改善自身对生活的软弱乏力。

爱祖国不是空洞的。真正的爱国之情必然牵涉个人的生活世界，是源自个人生活世界的内在的情感积累，是个人生活的精神支柱。不是因为祖国可爱就会自然地产生一种深厚的祖国之爱，不是因为你是祖国之子你就得无条件地去爱祖国，而是因为祖国与个人的生活世界发生了有意义的牵涉，个人在此意义牵涉中内在地发生祖国之爱。只要这种牵涉永在，则个人对祖国之爱便永不消失。意义牵涉的改变也必然会引起祖国之爱的改变。所以，德育的关键在于把外在的目的转化为内在的目

---

① 赫舍尔：《人是谁》，隗仁莲译，贵州人民出版社 1994 年版，第 89 页。

的，把德育内容转化成为与个人生活世界的意义牵涉，并引导个人理解、丰富、践行这种"牵涉"，在此"牵涉"中获得德性的发展。**个人需要的不是理论的生活，而是生活的理论，即作为生活精神的理论**。任何德育影响如果不能给生活以启迪，增进生活的理解与智慧，勇气与力量，那么它就只是说教——谁会需要空洞的说教呢？

现实德育乏力的一个重要原因是德育活动过程之于个人的乏味。"最完美的感受就是那种处于良好状况的、指向自身最好对象的感觉。快乐使现实活动变得完美"，"使生活变得完美，使人们去追求它。"①德育过程时刻指向当下的个人生活，引导个人生活的展开与充盈，积极影响个人当下的生存状态，使德育过程成为充实饱满、为快乐所充溢的过程。雷锋助人为乐的精神，助人乃是他充实他当时当地的生活状态的最佳途径，换任何一种行为他都无法享受到因这种方式而带来的充实与快乐，助人与他的好生活密切相连，助人就是他的好生活。很难想象，如果以助人为苦，是否能成就一种真正的雷锋精神。为什么说雷锋每年三月来四月去，根本就在于雷锋式的行为并没有真正内化为个人生活状态并作为充实个人当下生活过程的快乐途径。人们只是在做一种表浅行为的模仿，而没有触及真正的雷锋精神。

我们比较一下两种德育视角。以教导"诚实"为例。一是你应该诚实，诚实对社会和他人有利，你若欺骗别人，对人不利，你会失去别人的信赖，陷于孤立。二是诚实是个人的好品性，它使个人心怀坦荡，既是人情之平又得我心之安，是个人好生活的重要品质。第一种乃是规范型的德育，"你不遵守 A 就会出现 B，B 对社会和你不利，所以你必须遵守 A。"假如个人通过此过程遵守了 A，但此人并非作为人整个地接受了 A，而是出于 B 的利害关系贮存了这一规则。个人获得的是 A

---

① 亚里士多德：《尼各马科伦理学》，苗力士译，中国社科出版社 1990 年版，第 10 卷，1174b。

的形式而非 A 的精神，一旦条件许可个人就可能放弃 A。显然这没有构成真正的德育，因为没有实现真正的内化。第二种始终立足个人及其生活，德育的展开与个人生活的展开相统一，个人不仅在践行某种德性，而且在获得生活的完满。正因为个人需要好的生活，所以他无法背离好生活的品质。个人获得的并非简单的行为规范，而是内在的德性。个人既践行品质又获得了生活的完满。德育既实现了内在目的，又实现了外在目的。

（四）从生活走向德育：德育途径之二

德育把个人带入人的真实生活中，激励个人去交往、创造、劳动，激励个人去生活、去经历、去体验，拓宽个人的生活视野和整个生活世界的内涵，激励个人不断去追求好的生活，在对好生活的追求中获得生活的完满，提升个人的生活境界，同时也获得内含于个人好生活的德性的完满。

人需要有意义的生活。德育引导人去追求生活的意义，追求更有意义的生活。"意义，来自于人在其世界中的'牵涉'……人在世界中的'牵涉'使得他的生活成为有意义的。"① 德育把人引向与环境积极的对话，引向与周遭世界的广泛交流，拓宽并践行人与世界的生动、活泼、丰富的关系，拓展实现个人生活价值和践行生活意义的可能途径，为个人走向好生活、生活幸福拓宽道路，个人得以践行充实而富有意义的人生。

人不仅生活，而且指导自己的生活（格伦）。苏格拉底提出："没有省察的生活不是人的生活。"德育引导人去生活，去追寻生活的意义，还要引导人去省察生活。"人没有一种完全不变的本性，人是在历

---

① H.P.里克曼：《狄尔泰》，殷晓蓉、吴晓明译，中国社会科学出版社 1989 年版，第 209 页。

史进程中形成自身的……他通过反思以改变自己的本性。"① 人以其生活历程为背景，来理解、省察个人的生活历程。"过去的回忆使他欣慰，未来的美好希望使他愉悦。思辨问题盈溢着他的思想。"② 在对生活的省察中，敞亮个人生活的真理，使个人经验与历史感、现实感和价值感共同充盈个人生存的内涵，丰富个人生活的意义。"从人本身思想发展史中的事实能够推导出道德法则。"③ 个人在对其生活的省察中不仅获得了生活境界的提升，也获得了德性的深入与充满。

"人，只能自己改变自身，并以自身的改变来唤醒他人。但在这一过程中如有丝毫的强迫之感，那效果就会丧失殆尽。"④ 个人是个人生活的主体，德育在此过程中必须尊重个人的选择，让个人感受到自由——他可以自由地选择，凭着他的现实的德性——而不以祈使性的规范语句去试图控制、约束人的选择行为。那样，人就失去了自由感，就会对德育对其生活的引导产生厌恶与排斥。"一个人自由选择了某种责任，就是自由地选择了不自由。"⑤ 每个人必须对自己的选择负责，对自己的生活负责。

从生活走向德育，是一条间接实现德育目标的有效途径，是一种非德育的德育，其本意就是激励个体以积极乐观的心态广泛地参与社会生活之中，去真实地与他人、他物、外在的广阔世界交往、感受、劳动、创造、欣赏、体验，激励个人去生活，追求好（善）的生活，去践行好的生活品质。没有积极的幸福生活的体验，就不可能有完满的生活德

① H.P.里克曼：《狄尔泰》，殷晓蓉、吴晓明译，中国社会科学出版社 1989 年版，第 121 页。

② 亚里士多德：《尼各马科伦理学》，苗力士译，中国社科出版社 1990 年版，第 1、2、10、9 卷，1066a。

③ H.P.里克曼：《狄尔泰》，中国社科出版社 1989 年版，第 121 页。

④ 雅斯贝尔斯：《什么是教育》，邹进译，三联书店 1991 年版，第 26 页。

⑤ 赵汀阳：《论可能生活》，三联书店 1995 年版，第 158 页。

性，也不可能发自内心尊重他人对美好生活、对幸福的追求。尊重好生活本来就是德育的目的。诚如雅斯贝尔斯所言："教师要唤醒人的潜在本质，逐渐自我认识知识，探索道德。一个正直的人，他同时就会是一个正直的公民。"[①] 一个拥有好生活品质的人一定会是一个好的公民；一个每个人都拥有好生活的社会，一定是好的社会。

五、回归生活，引导生活

20世纪80年代以来，世界许多国家和地区都十分重视德育及相关课程的改革，国外德育及其课程改革，大都重视把道德教育与学生的生活结合起来。近十年来，德育向生活的回归乃是德育研究的一个主要问题。我们在反思德育低效时，意识到了传统德育主体性、针对性的缺失，乃是导致德育低效的关键因素。德育回归生活，让德育回到人的世界，回到人的生活世界之中，其本意正是表达对德育活动的主体——人及其生活世界的关注，让德育立足于人及其生活，从而切实地提高德育的主体性、针对性。当前德育课程改革同样沿袭了这种德育思考的路向，试图建构一种以儿童生活为基础的德育课程模式，强调德育内容体系与儿童生活世界的关联，力求通过逐步扩大的儿童生活来引导儿童德性的逐步扩展。

同时，德育回归生活也遭到了不少人质疑。问题的焦点是，道德教育回归生活，是否导致对德育的消解？德育回归生活的实际内涵究竟是什么？德育究竟如何回归生活？如何避免回归生活可能造成的对德育的消解？这些问题应该说非常重要，它让我们在试图走出传统假大空的德育模式后，又不至于走到另一个极端，能审慎地把握当前德育的基本问题，切实地发挥德育在个体成长中的引导促进作用。正因为如此，我们

---

① 雅斯贝尔斯：《什么是教育》，邹进译，三联书店1991年版，第9页。

有必要进一步澄清德育回归生活的基本内涵和基本旨趣。

回归生活的德育,其基本内涵之一,**乃是对传统的无"人"的德育的矫正,从对高居于个体之上的宏大的德育主题的关注以及作为这种道德权威的教育者权威的强调,转向对生活的个体的关注,回到生活的世界即回到人的世界,回到德性生成的主体,凸显儿童在个体道德发展中的主体地位。**

中国古典德育传统,注重的是修身、齐家、治国、平天下的价值模式,到宋明理学"存天理、灭人欲",关注的更成了一个高高在上的神圣的天理世界,从而远离了普通个体的日常生活。这种德育传统对我国现代教育历程中的德育模式的影响是十分深远的。长期以来,我们的德育注重的乃是一个先于学生个体存在的、以社会宏大价值为中心的理念世界,我们是试图通过德育活动把这种先行设定的价值世界灌输给学生,借以改造他们的世界观与人生观,让他们成为社会宏大价值的真实体现者。这种德育模式,由于忽视了个体当下的实际生活需要,忽视了个体生活价值在德育价值体系中的合理性,从而导致德育实践中"人"的缺席,导致"无人"的德育。

倡导德育向生活回归,就是要让德育关注的世界,由高高在上的神圣价值世界回到实实在在的人的生活世界,回到人的价值世界,使德育成为呵护真实人生的实践活动,使个体在德育情景之中,能积极自主地思考、发现、探索、理解、领悟,在自我生活世界与生活经验的拓展中去理解生活,发现世界,陶冶情操,锻炼人生智慧。这样,我们的德育实践活动就成了个体生活世界和价值世界不断发现、增长、丰盈的过程,成了个体品德发展与人生意义不断获致的过程,学生成了个人品德生成与建构的主题,不再是简单、被动地接受外在宏大价值世界的灌输,接受威权性的教育者对个体人生的简单规训。

生活目的是与生活一起显现的东西,生活目的不是某种结局而是生活那种具有无限容纳力的意义,生活是一种自身具有目的性的存在方式，这种目的性就是生活的意义。生活世界正是个体德性生成的基础，只有在生活世界中，个体才可能清晰地发现自己的品德缺失、伦理愿望，才可能找到切合于个体生存意愿的追求个体德性完满、实现自我德性发展的内在性依据，个体道德活动才可能真正成为个体生命存在的事件，成为生活的事件，成为活生生的生活行动，个体德性才可能找到其在生活世界中生成的"道路"。回归生活的德育，意味着回到生活世界，显现生活中复杂的伦理牵涉，显现生活的目的，把人、人的生命看成自成目的的存在，即人的德性生成乃是作为人的生活、人的生命存在的有机成分，是为了人的生活之敞亮，生活意义与价值的完满，而不是为了高居于生活之上的某种外加之目的，使个体生活成为达致他种目的的手段、工具。

回归生活的德育，其基本内涵之二，**就是对传统大而空的道德教育目标模式的矫正，使德育回到对普通个体日常生活伦理世界的关注，增进儿童对生活的理解，引导个体过有意义的生活，引导个体在对可能生活的追求中提升个体生存的德性品质。**

传统德育大都以既定的伦理目标为中心，以与之相关连的系统思想品德知识的传授为基础而组织起来，更注重的是以成人视界为基础的价值目标与相应伦理知识框架体系，对不同年级的德育课程内容设计往往强调的是严谨的逻辑性，并不是从学生的生活世界出发，从学生生活的整体需要出发，有针对性地去引导学生生活的拓展和品德的提高，从而造成德育活动与学生生活世界脱离，学生在德育情景之中只能作为被动接受和改造的客体，造成传统德育模式针对性、主体性的缺失，实效性也随之低迷。

回归生活的德育理念的提出，意在从当前社会生活对学生的要求和学生生活的实际需要出发，把握时代精神和当代中小学生的身心发展特点，积极适应社会的新要求和学生的实际状况，建构开放性的、切合于当代儿童生活实际和时代发展需要的价值目标模式，激发学生学习、探究、理解、创造性接受的兴趣，使他们能积极主动地参与德育课程的学习和自觉提高自我品德修养的实践。我们追求的适应性决不是简单地迎合学生一时的兴趣，而是试图寻找一种学生乐于接受并能在其中积极参与、主动创造，由此而积极内化为自我德性的教育方式，而非无原则地宽容和迁就，即力求"将正确的价值引导蕴涵在鲜活的生活主题之中"。

回归生活的德育，其基本内涵之三，**乃是针对那种脱离生活实际的灌输式的德育方式方法，力求回到生活情景之中，在儿童真实可感的生活场景之中去发现生活，感悟生活，领略生活的伦理要求，拓展个体的价值视界。**

传统德育课程更多的是以知识为中心，而不是以参与学生生活为基本线索，这使得以往德育教材的改革，更多关注的是知识点的增加和知识体系框架的调整，而对于知识的呈现方式重视不够。学生面对知识点为中心而组织起来的平面化教材，更多的只能是被动地接受其中灌输的道理，偶尔的参与也只能是机械、被动的印证、重复，缺少对学生创造性的、全身心投入的学习活动的设计和引导。同时，传统德育更多强调学生的识记，对于如何调动学生通过亲身体验来理解和懂得有关知识和道理重视不够，因而导致实际德育活动过程之中，很难避免简单、机械说教的面孔，使学习与学生的生活和实践活动分割开来。

由于传统德育更多地注意给学生说清楚某个道理，目标十分明确，对学生有很强的暗示性和强迫性，在思想品德教材中往往在标题上就开门见山地摆出了课堂教学的目标，注重把要说的道理用平易的形式直白地表现出来，唯恐学生不能明白教材的意思，学生很难从中去作积极的自我认识、体验、探究、发现。过分明确的教材内容，对学生而言只需要记诵，使得学生缺少了积极参与、体验、发现、表达的空间，不可能对学生学习过程中的思维、情感、态度构成真正的张力与挑战。他们在德育课程学习中也不可能真正地参与其中。

　　回归生活的德育，并不是让学生简单地重复日常生活形式，而是以日常生活形式为基础，使德育的目标和内容都能跟学生个体的生活实践相联系，从而在德育活动中，能充分地调动学生个体既有的生活经验，在对自我生活经验的理解、发现的过程中，不仅获得了切身性的伦理感受，而且这一过程本身就成了个体道德思维、情感与智慧的陶冶过程。这样，德育过程就不再是个体机械接受、被动识记的过程，而是个体德性意识与情感有机地、自主地建构的过程。

　　由上可知，倡导德育回归生活，并不是简单地把德育等同于个体生活，从而消解德育"育德"的可能性，而是试图表达这样一种德育理念：**在生活世界中，并且通过生活形式的展开，来引导个体生活，引导个体对可能生活的美好追求，从而使得德育的过程成为作为生活主体的个体德性之自主生成、自我建构的过程。**回归生活的德育理念，一方面拒绝那种把德育目标理想化、夸大德育功能的德育模式；另一方面，也反对那种自我中心、唯我主义、拒斥教育的道德虚无主义和德育无能、德育无用的德育主张。

　　当然，正如德育不是万能的一样，德育回归生活的命题也不是万能的，它针对更多的是那种脱离生活空洞说教的德育模式，期待我们在德育实践中，实实在在地把学生看作活生生的人，关注人的世界，关注人的生活。与此同时，我们也应该切实地引导儿童理解生活，理解人生，理解德性，让德育在回归生活的过程中又不失其对儿童生活的引导，让德育真正成为个体德性生成的教育。

第十一章

人性与教化

　　任何教育问题总是涉及我们对待人性的基本态度，人性善恶的价值预设是教育史上不可回避的基本问题，它直接或间接地影响着教育实践中人们的情感态度、价值观念、行为方式等。

　　人性善或恶的价值预设，各有利弊。从生活出发，从实践着的人性实际出发，实实在在地提高个体的理性自觉，对个体原初人性"不抱幻想，也不绝望"。

人性之善恶是一个古老的问题，也是一个事关我们每个人当下之生存姿态的重要而永恒的话题。当我们谈论人性善恶时，并不是对人性的纯客观的描述，纯客观地描述人性善恶既无可能，也没有意义，不存在一种纯粹的可以客观描述的人性（human nature），人总是一定的社会实践活动中的人，人性总是作为一定社会实践活动中的人性，总是"实践着"的人性，总是向人的社会实践保持开放性的人性，总是变化着或者可能变化着的人性，人的自然性与社会性杂然纠缠于人的现实活动之中。那么，为什么古今中外人性善恶的问题不绝如缕，我们今天还要谈论？正因为人性是实践着的人性，我们对人性的态度直接影响着我们相关于人性的实践活动，首当其冲就是教化活动，我们对人性的不同态度在很大程度上直接决定了我们教化实践的基本路向。我们在相关于人性的实践活动中，对人性总是蕴涵着某种意向性的心理—行为倾向；换言之，人们所持的人性观总会与我们对人性、对道德、对人事甚至对人世本身的情感态度、价值观念、行为方式发生如丝如缕的牵涉，成为人们在世的某种潜在的"价值预设"，人性的善恶问题的重要性由此凸显出来。

　　所以，我们对人性善恶问题的考察，不仅要察其由来，即考察其最初的动机与愿望，更要考察其在历史与现实中所实际或者可能滋生的各种对人性、对道德、对人事甚至对人世本身的情感态度、价值观念、行为方式等方面的倾向与后果，借以澄清我们今天的教育实践中人们的情感态度、价值观念、行为方式中的缺失以及蕴涵于其后的人性善恶观的缺失。

一、人性本善作为教化的价值预设

人性本善的代表人物是孟子。他认为，"仁义礼智，非由外铄我也，我固有之也"①，把人固有的"四心"作为仁义礼智的本原，所谓"恻隐之心，仁之端也；羞恶之心，义之端也；辞让之心，礼之端也；是非之心，智之端也"，"凡有四端于我者，知皆扩而充之矣。若火之始然，泉之始达。"②"四心"扩而充之，就可以成为仁、义、礼、智"四德"。

孟子的性善论，以人性本善作为道德教育的价值预设，其意义在于，强调每个人都有可能为善的本性，主张为善由己，反对外在灌输，提出"人皆可以为尧舜"③，有益于提高个人的道德自觉，提高自身道德修养的责任意识。但孟子又提出，"尽其心者，知其性也。知其性，则知天矣。存其心，养其性，所以事天也。"主张"学问之道无他，求其放心而已"，把人性的修养简化为"存心养性""求放心"，这实际上是简化了人生道德教化问题的复杂性。

人性本善作为道德教育的价值预设，就个体而言，对人性的盲目乐观，容易导致妄自菲薄，无视人性中可能产生的恶。同时，在人性本善的信念之中，把个体现实中表现出来的恶简单归因于环境、社会，是社会、历史、时代使然，作为人性本善的个体在由个体所发出的恶行中是无辜的，甚至个体还可以装扮成受害者的角色，这使得个体对于自己恶行的自我担当以及由之而生的对人性的反思和自省成为不可能。这或许是多数日本侵华士兵至今仍不能承担责任的重要原因之一。他们要么否定恶行，要么把恶行归入国家、民族，从而不给个体人性忏悔的余地。

① 《孟子·告子上》。
② 《孟子·公孙丑上》。
③ 《孟子·告子下》。

因为心持人性善念，而把人的现实恶行归于外在环境，人性善就成为个体为自身的恶行推卸道德责任的口实，这实际上就为个体人性的自省设置了一道屏障。

人性本善的价值预设，还使得我们更多地把我们的人生视野完全寄托在现实的人事之中，"子不语怪、力、乱、神"①，我们的精神之维缺少伸展到超念之维的张力，在我们的精神品质的传统中多的是务实，有迷信而少信仰，有形而下的"感谢"（恩惠）、"敬仰"（现实的威权）"反省"（自己的过失），却没有形而上的"感恩"（不是为现实中的某种功利）、"虔敬"（不是对现实的威权）、"忏悔"（不仅涉及自己的过失）。孔子强调"吾日三省吾身"②，但反省的依据始终都是在人事之中，一是社会的伦理道德，所谓"君子无终食之间违仁"③，一是社会伦理道德的样本，所谓"见贤思齐焉，见不贤而内自省也"④。贤与不贤都是自省的依据，这里须有两个前提，即社会所提供的道德规范与道德榜样的正确性有正当性，否则，这种反省并不能导致个体伦理意识的提升与道德品质的升华。"文革"时期的早请示晚汇报所带来的究竟是不是全民伦理意识的普遍提升呢？正因为如此，我们还应有超越人性的依据来促成人的自省，在超越性与普遍性的追求中去充实自我人格的道德精神。而忏悔的品质所指涉的则不仅仅是自己的过失，而且更是指涉人性中可能的恶，忏悔的指向则是上帝，是绝对的精神价值。而另一方面，我们的道德现状又确实不令人满意，由重义轻利到重利轻义，在义利之间我们始终难以找到平衡之依据，价值相对主义、道德相对主义带来社会中人们对道德的冷漠和虚无，在这样的精神资质传统和道德现状之中，重新高扬人性善，究竟是利大于弊，还是弊大于利？"一切人的

---

① 《论语·述而》。
② 《论语·学而》。
③ 《论语·里仁》。
④ 《论语·里仁》。

美德都不是天生的，都不源于'人之天性'，而是借用社会外力予以教化、感化、训化的结果。任何一味赞美人的'天性善'、'天性美'的人都是主观的臆想或客观的无知。"①

就社会的道德威权而言之，容易从人性本善的信念出发，对千差万别的个体道德境域作出完美的道德设计，以之来充当全体成员的道德蓝图，使单一而周全的道德规范成为社会成员的整体行动。这容易在人性本善的名义下，强迫人向善、为善，从而走向道德上的理想主义，导致对个人的道德自觉、道德自由的湮没与消解。

二、人性本恶作为教化的价值预设

不赞成人性本善作为道德教育的价值预设，并不意味着我们就赞同拿人性恶来充当道德教育的价值预设。荀子把"不可学，不可事而在人者"，谓之"性"，并提出："今人之性，生而有好利焉，顺是，故争夺生而辞让亡焉；生而有疾恶焉，顺是，故残贼生而忠信亡焉；生而有耳目之欲，有好声色焉，顺是，故淫乱生而礼义文理亡焉。然则从人之性，顺人之情，必出于争夺，合于犯分乱理而归于暴，故必将有师法之化，礼义之道，然后出于辞让，合于文理，而归于治。用此观之，然则人之性恶明矣，其善者伪也。"② 荀子实际上是把作为人自然属性的声色欲望、好逸恶劳当成了恶之"端"、恶的根源，这样，人的道德性并不是顺着人的本性发展的结果，相反，必须对人的本性加以制约、改造，使之向善。他同样认为人皆可以成为道德上完善的人，所谓"涂之人可以为禹"③，但这并非源自主体的道德自觉，而是外部教育与引导的结果，所谓"化性起伪"。

---

① 毛志成：《"穷人"，文明史的反面角色之一》，《书屋》2000年第6期。
② 《荀子·性恶》。
③ 《荀子·性恶》。

　　持人性恶的理念，当其在一定限度内可能带来的最大益处是对人的不完全信任而由之带来的对绝对精神价值的欲求，从而引导个体不断超越自身、在不断否定自我中提升自我。当我们心持人性恶，我们就预设了人的不完满性以及人在不性恶上的平等，从而可以免于把人（某些特殊的人）神圣化，"凡人有所一同：饥而欲食，寒而欲暖，劳而欲息，好利而恶害，是人之所生而有也，是无待而然者也，是禹、桀之所同也。"① 这样，就只能把人性的完满求诸外在的价值体系，比如"礼"，把对神圣的企求投向人世之外，把神圣之维投向人世之上的他者，投向永恒和绝对，比如"理"。持人性恶的理念，可以让个体更多地面对自己人性中的恶，免于对人性的盲目乐观，增进个体的人性自省。正因为人性本恶，对人性的反省就成为绝对性的必要。

　　人性恶的理念其最大的害处就在于，它让人对个体自我道德人格的内在力量丧失信心，从而给社会的道德威权对个体的道德灌输、道德专制、道德暴力提供口实和依据，使外在的价值体系、价值依据绝对化——"礼"成了"（三）纲（五）常"，"理"成了"天理"——借以来改变其恶的人性。正因为人性本恶，所以个体人性需要借助于某种外在的力量、外在的道德威权来改造、重新塑造原本恶的人性，以善来"伪饰"恶的人性，"制礼义以分之，以养人之欲，给人之求"②。中国自汉以来的纲常伦理系列在很大程度上正是建立在荀子以性恶基础的"礼论"之理念上。细究我国古代社会的人性理念，实际上是表面、外在的"善"而实质、内在的"恶"。一方面借助于孟子的人性善来昭示人们人伦教化的可能性，主要是由于孟子的性善论与荀子性恶论比较，"有其独特的理论优势，因为它肯定了仁义礼智这些封建的道德规范和要求，是植根于人的本性之中的，是符合人的本性要求的"③；而另一

---

①　《荀子·荣辱》。

②　《荀子·礼论》。

③　唐凯麟、张怀承：《成人与成圣》，湖南大学出版社 1999 年版，第 94 页。

方面，却是借助于荀子的性恶论来说明以及强化封建教化的必要性和封建人伦规范的合理性乃至后来的绝对性。直到后来的宋明理学，"存天理，灭人欲"乃是性本恶的人性预设的必然发展。秉持人性恶的理念，使得我们不相信人性自我塑造的力量，转而诉诸外在的道德威权，并逐步使得外在的道德威权绝对化，从而贬低人性的价值，贬低了个体的道德人格，特别是平民个体的人格价值。中国历史上众多的节妇烈女的事例，正是凸显了外在道德威权的绝对性价值，贬低甚至压抑了个体人格以及个体生存、个体生命的道德价值。如果说人性善的理念中内含某种教化中的强制性，那么人性恶的理念中道德教化的强制的可能性——从内容到方式——更是大大加强。正因为如此，持人性恶的理念，其弊远大于其利。

三、寻找人性的第三种价值预设

持人性善的理念，当其在一定限度内的时候可能带来最大的益处是对个体的信任而由之产生对人的尊重，对每个人的尊重可以说是道德教化的前提和基础。表面看来这似乎可以成为我们坚持人性善的理由，但问题在于当我们怀抱人性善的理念去尊重他人时，很可能导致当我们面对现实中表现出来的人性恶，我们就把那些表现出恶性的人排除在我们的尊重之列。进一步说，现实中表现出来的人性恶的评判总是不可避免带着我们好恶的倾向，这可能导致以我们的好恶来充当我们对他人施以尊重的依据，那些在文明人"视界"中的"下九流"人物、"恐怖分子"理所当然地可以被视为另类，不值得我们去尊重（而我们对他们的不尊重又会成为更多的"另类"的产生的原因）。换言之，人性善既可以成为我们尊重人的理由，也可以成为我们不尊重人的理由，或者说，如果它可以成为我们尊重人的理由，那么它也可以成为我们不尊重人的理由。实际上，人性善恶是以人性存在的事实作为前提和基础的，换言之，谈论人性的善恶是以人的存在事实作为根基的，而一个人，只要其作为一个生命的事实而存在，就应该享有做人的基本权利和尊严，就应该受社会和他人的尊重，不管他是性善还是性恶，除非他完全被剥夺了生命存在的基本权利。这样说来，并非因为人性善，我们才应去尊重人，相反，对人的尊重才是我们谈论人性善的前提和基础。当我们宣称人性向善而尊重人的时候，实际上我们是预设了我们对人的尊重是有条件的，这就为我们对他人的不尊重埋下了伏笔，因为我们会在有意无意之间，以我们判断之中的他人之不善为由而施以对他人的不尊重。我们的文化中并不乏人性善的理念，可直到今天，对他人（包括罪犯）的尊重还是我们远未习得的一种现代公民社会最重要的精神品质（至少也是最重要的品质之一）。所以，如果我们把人与人的尊重作为为人的起点与基础，那么这种尊重不应当建立在人性善之上，即使人性不善，只要是人，就应当具有作为人的尊严，就应当受到他人与社会的尊重，因为尊重他人就是尊重我们自己。尊重人是尊重每个人做人的尊严和权利，不尊重他人就是不尊重做人的权利。

秉持人性善的另一个常见的理由是主体性道德人格的建立，"倘若人性之中没有'向善性'，个体又何以可能成就'主体性道德人格'呢？倘若不把'人性本善'作为主体性道德人格教育的价值预设，主体性道德人格教育就没有可能"①。培养主体性的道德人格，确实是我们社会长期以来道德教化中的缺失，是当今社会亟须、亟待加强的关键性质素，但问题在于，是否培养主体性道德人格就一定要以"人性本善"作为其价值预设呢？这里我们至少可以从三个方面来说明。其一，从理论上来说，人性本善还有一个善性可失，所以人性本善并不必然导致主体性道德人格的建立，如果他并不能恪守人性中那"本有"的

---

① 肖川：《"人性本善"：主体性道德人格的价值预设》，《华东师范大学学报》（教育科学版）1999 年第 3 期。

"善"，设若"人性本善"，则个体何以恪守其"本有"的"善性"呢？唯凭后天的理性，只有牢牢建立在个体理性基础上的个体的"向善性"，才有可能确保那"本有"的善性不失，并能发扬光大。可见，主体性道德人格的关键并不在于人性本善，而在于那恪守人性发展方向的人后天的理性。实际上，唯有人的理性才是主体性道德人格的核心与根本因素，不管人性"本善"还是"本恶"，是"善性""可失"还是"恶性""可伪"，唯有建立在个体理性自觉基础之上，才能确保人性发展的方向。其二，从历史言之，我们的社会自先秦以来，就不缺少人性善的赞歌，不缺少对人性的乐观期待，恰恰缺少的是充分的自觉理性和建立在自觉理性之上的独立自主的道德人格。可见，跟主体性道德人格亲缘性更多更近的并不是"人性本善"，而是自觉的理性。直到今天，当我们的社会正面临着市场经济秩序的有效完善，市场经济所需要的伦理品质也亟待加强时，我们亟须的并不是"人性本善"的乐观期待，而是实实在在地支持市场秩序、市场规则、促进社会有序运作的人们的理性自觉以及建立在理性，而不是人性乐观基础上的对社会的理性筹划。其三，从现实生活言之，我们可以真实地看到，社会生活中，确实有人持守并兢兢实践着善的理念，但同时又应该看到，也确有人选择主动为恶。一个好的社会并不一定是没有人作恶，一个人人都不作恶的社会也并不一定就是好的社会。一个好的社会至少应有的一个条件就是，能给社会中的个体提供必要的、充足的自主选择的道德空间。所以，我们的目标并不在于从根本上根除人的恶性（这可能意味着更大的灾难），而在于当一个人自主选择作恶，那么他的理智还应该让他自主担当其作恶的后果，换言之，一个人行善或者作恶都应该基于个体的理性自觉的自主选择之上。由于社会、人生的复杂性，道德教化不可能保证人间恶的彻底根除，它应该承诺的只是唤起个人的理性自觉，这或许是苏格拉底提出"故意为恶优于无意为恶"①的原因。当然，这里决不是为有意作恶者辩护，而是突出个体的理性自觉和理性担当，或者说，突出道德教化中对理性自觉的重视，"无（道德上的）知"就是道德上的过错，如果我们不能培养个体道德上的理性自觉、道德上的"知"，这就是我们社会道德教化中的缺失。既然如此，当我们面对现实中人性的恶，我们还是一味高唱人性本善的赞歌时，我们究竟是在激励人的主体性人格还是消解人的主体性人格？

我们的历史上，从来就不乏对人性善的美好称颂，从孔子的"我欲仁，斯仁至矣"②，到孟子的人性之四端，到"人皆可以为尧舜"，到"满眼都是圣人"，到现代社会中的"六亿神州尽尧舜"，"人定胜天"，"跑步进入共产主义"，人性的乐观可以说贯穿我们的历史。"格物、致知、修身、齐家、治国、平天下"实际上都是建立在对人性的充分信赖的基础之上，从而在很大程度上把社会的政治基础与伦理基础同一起来，形成根深蒂固的人治传统，一方面造成社会的法度不明，另一方面又导致社会伦理的绝对化以及政治伦理空间对个体伦理空间的僭越，以至形成所谓"吃人"的礼教。今天，社会正处于前所未有的转变之中，社会的伦理资源、道德传统都出现了一定程度上的断层，我们是否可能以及如何可能在人性善的旗号下，采用社会整体道德动员的方式来建构我们的"道德社会"呢？我们是否能保证我们不会重蹈覆辙？我们如何实现我们的法治理想？人性善的理念在给我们今天的社会带来善的同时是否可能带来比善更多的恶？我们真的能对人性保持那么高的热情与期望吗？或者说，我们真的可以把美好生活的期望寄托在人性本身的善之上吗？

持人性恶的理念，当其在一定限度内可能带来的最大的益处是对人

---

① 叶秀山：《苏格拉底及其哲学思想》，人民出版社1986年版，第149页。

② 《论语·述而》。

的不完全信任而由之带来的对某种超越于个体的绝对性精神价值的欲求，从而引导个体不断超越自身、在不断否定自我中提升自我。但我们是否一定要依凭人性的恶，或者说是因为人性本恶，我们才能去追求人性的超越与提升呢？人是一种"非专门化"的、"向世界开放"的存在，"人在双重的意义上是自由的：人'摆脱'本能的控制而获得自由；人'达到'生产性的自我决定的自由"①。人的生活不是单纯依照自然寄予的某种序列而被动展开的被给予性的事实（the given fact），而是建立在人类文化、种族经验和社会教养之上的、更多地依凭个体后天的获得性品质而主动展开的自我给出性的事实（the fact of giving）。"动物只是在自然之手把它铸成之后才来到世上，它只需要实现在它之中已经是现成的东西。而人的非专门化却是一种不完美。自然似乎没有把他铸成就将其放到世界中；自然没有作出关于他的最后决定，而是在某种程度上让他成为不确定的东西。因此，人必须独自地完善他自己，必须确定自己是否置身于某些特殊的事情中，必须试图依靠自己的努力解决他那专属于他自己的问题。"② 人性之不同于"猪性""狗性"，乃是因为人性是非自足的、"未完成性"的，人性总是不完满，或者说不能满足于已有的完满，人总是一种超越性的存在。人性之不完满并不是人性之本"恶"，而是人性发展之中向世界开放的一种不满足于已有水平的永恒歉然的状态。人不是因为人性本恶而追求其超越，人性的超越并不诉诸人性的善恶与否，即使人性善，人同样要追求超越与升华，因为人就是一种超越的存在，一种超越的"动姿"（舍勒）。所以，我们并不是因为人性恶就求诸外在的超越，人对普遍性和超越性的诉求深深植根于人性的不完满、植根于人性的"开放性""未完成性"之中。

---

① 兰德曼：《哲学人类学》，张乐天译，上海译文出版社 1988 年版，第 201—202 页。

② 兰德曼：《哲学人类学》，张乐天译，上海译文出版社 1988 年版，第 202 页。

那么，怎样能既吸收它们二者的优点又避免它们的不足呢？我们求诸人性的第三种价值预设，即人性无善无恶论。

四、人性之"本"非善非恶

消解人性的善与恶在教化中的预设，意味着消解人性作为个体道德生成的根本依据，即消解人性作为内引或外铄的根本依据，"我们的德性既非出自本性而生成，也非反乎本性而生成，而是自然地接受了它们，通过习惯而达到完满。"① 同时，持人性无善无恶论，也可消解拿人性作为社会成员道德蓝图设计的依据，给社会成员提供道德人格自主生成的空间，甚至可以在一定限度内弱化在传统泛道德主义社会中道德及其教育在社会生活中的作用，让道德为其所"应为"，不为其所不"当为"，从而为社会走出传统泛道德主义，走向市场经济所需的理知的澄明，为法律意识、法治观念的普遍深入提供足够的空间。持人性无善无恶，意味着我们不能把人看得太高，"六亿神州尽尧舜"，"满眼都是圣人"；也不会把人看得太低，走向道德悲观主义。"人既不是天使，也不是野兽"②，人就是人，不是圣徒，不是可以随意雕琢的器物，每个人生来就具有平等做人的尊严。持人性无善无恶，意味着强调现实人性中表现出来的为善作恶均在个人，在个人的自由意志，从而提高个人的道德责任。"我们生而为人，这并不足以使我们成为人；我们活着，这并不说明我们进入了人生；要进入人生，必须凭自己的自由意志去设计人生。人生没有现成的模式和模范，每个人的角色必须自己去创造。"③ 持人性无善无恶，意味着不拿人性作为个体道德蓝图设计的依

---

① 亚里士多德：《尼各马科伦理学》，1103a，引自《亚里士多德全集》第 8 卷，苗力田主持编译，中国人民大学出版社 1994 年版，第 27 页。

② 帕斯卡尔：《思想录》，何兆武译，商务印书馆 1985 年版，第 161 页。

③ 邓晓芒：《灵之舞》，东方出版社 1995 年版，第 252—253 页。

据，从而放弃整齐划一的社会道德筹划，社会所能筹划的道德品质只能是最基本的、底线的伦理规范，给个人的生活提供足够的私有空间，从而提高个人的道德自觉和道德自由。如果有人作恶——这甚至是不可避免的——那不是道德教育的错，道德教育不可能解决一切道德问题，道德教育也不希冀在人间建立纯美的道德王国。持人性无善无恶，对人性，甚至对人世，"不抱幻想，也不绝望"①，既不盲目乐观，也不悲观失望，对道德教育秉持审慎的态度。

苏格拉底提出"知识即美德"，正是强调作为人要"认识你自己"，认识人的"理念"的"知识"，认识人的理性本质，认识普遍的善，从而对主体"作知识的把握、作理性的把握"②，"一种未经审视的生活还不如没有的好"（苏格拉底）③，把人生的善与恶建立在关于人生的真知识的基础之上，"知识为善（好），无知为恶（坏）"④。"真正的人性、人的真正的美好和真正的德行以及真正的宗教，都是和知识分不开的东西。"⑤ 这种理性主义的人生关照，始终把人生的善恶建立在理性的自觉基础上，而不是本原性的人性的善与恶之上，从而把社会文明的基石牢牢置于理性的光辉之中。重提人性善恶问题，我们关注的出发点就是，努力在我们的社会和教育中阐扬一种"合乎正确理性而行动"⑥ 的品质，而这，恰恰是我们的文明中长期缺失的重要质素。

"理论是灰色的，而生命之树常青"。任何理论预设实际上都不可能完满地解释现实生活，我们也不可能凭借某中理论就可以在人间建立

---

① 刘小枫：《走向十字架上的真》，上海三联书店 1995 年版，第 210 页。
② 叶秀山：《苏格拉底及其哲学思想》，人民出版社 1986 年版，第 128 页。
③ 引自卡西尔：《人论》，甘阳译，上海译文出版社 1985 年版，第 8 页。
④ 叶秀山：《苏格拉底及其哲学思想》，人民出版社 1986 年版，第 131 页。
⑤ 帕斯卡尔：《思想录》，何兆武译，商务印书馆 1985 年版，第 201 页。
⑥ 亚里士多德：《尼各马科伦理学》，1103b，引自《亚里士多德全集》第 8 卷，苗力田主持编译，中国人民大学出版社 1994 年版，第 29 页。

道德天堂，我们不可能找到一种完满解决现实问题的理论前设，我们所能做的、所应做的，实际上，只是，只能是在不同的理论中，选择那种可能在实践中带来的善更大、恶更小的理论，我们只能在可能的大善与小善之间，宁取大善而舍小善，在可能的大恶与小恶之间，宁舍大恶而取小恶。

第十二章

生命情感与教育

　　生命情感是一个人对待自我生命的基本态度，以及由此而发生的对待其他生命的态度。生命情感关涉人在世的一切作为，是建构个体人生的基础性质素。

　　教育关注个体，关注人，意味着要去关注个体作为活生生的生命体的存在，关注个体内隐的生命情感的化育。关注生命情感，意味着教育应关注且尊重个体的身体及其感受。

　　个体生命情感化育的两个维度即幻想与幸福、欢乐的感受；苦难意识。教育应积极创造生命情感化育的空间。

一、生命情感：必要的教育话题

人生存在世界上，人总是作为一个活生生的生命个体生存着，人的生命的积极活动构成人的生活，人的生活即人的生命求得意义的活动。人生活在世界中，人生活在时间与空间中，人作为有限的个体生存于无限中，对生命的追问构成人之为人的本真性处境。人在与外在世界的交往中对生命的回眸关照，对生命状态乃至他者生命的积极探寻、品悟，萌生个体的生命情感。生命情感即个体对生命的体认、肯定、接纳、珍爱，对生命意义的自觉、欣悦、沉浸（沉醉），以及对他者生命乃至整个生命世界的同情、关怀与钟爱。

积极的生命情感引人振奋、达观，昂扬向上，朝气蓬勃，充满勇气，富于爱心，把人引向与周遭世界的活泼交流，成为人生的动力和光明之源。生命情感的充沛、丰盈、活泼、亮丽、博大，奠定幸福人生的基础，幸福的人生离不开美满丰盈的生命情感。化育不良的生命情感，消极的生命情感则意味着对生命的否定，对生命意义的无望，对他者生命的漠视，以及由此而生的生命状态的沉沦。它使人阴郁、沮丧、悲观、冷漠，或者走向另一极端，孤傲、自负、仇视，与周遭的世界格格不入，难以进行人与世界的丰富、活泼的交流，这意味着人生的被阻障、遮蔽，不幸的人生由此发端。

生命情感绝非玄奥莫测，无迹可寻，它就隐藏在人们形形色色的活动之中。生命情感植根于现实世界，又抱持着对现实世界的超越，引导个体走向生命的深层，引向对个体生命乃至普遍生命的关怀，谛听生命的意义召唤，实现对人生百态的全面看护。生命情感作为个我人生的全面看护，是个体求真感、伦理感、审美感的基础与源泉，没有深厚的生命情感，就不可能有对真理的孜孜以求，对伦理的深刻体认，对美的缱绻向往。良好的生命情感使个体生命向世界保持良好的积极开放的态势，个体乐于与周遭世界进行活泼丰富、富于爱心的交流，使个体在与世界的交流中充满感动、激情和想象，这些都是追求真、善、美的内在基础。可以说，对真、善、美的追求，总是生命情感的表达式。反过来，对真、善、美的追求又可以增进个体的生命情感体验。

生命情感关涉人在世的一切"作为"，是建构人生的基础性质素，生命情感的化育因而是一个重要的问题，也是一个重要的教育问题。以育人为根本大任的教育理应担当生命情感的化育，虽然教育不可能，也不足以去解决生命情感的全部问题，但教育却不可能也不应该放弃对个体生命情感的关怀。生命情感化育的过程，就是教育的过程。"好好学习，天天向上"，这里指的显然并非一种知识的累积，而是一种生命情态的关照，一种像"早晨八九点钟的太阳"一样蓬勃向上、富于朝气、充满力量的情态，这里内含着一种积极的生命情感的指谓。教育关注个体，关注人，意味着要去关注个体作为生命体的存在，关注其外显的活生生的生命崭露，关注其内隐的、活泼的、流动的生命情感的化育。

生命情感生发于个体与外在世界的交往和个体生命在现实世界的表达，但生命情感更是外在生命活动向内在生命世界的延伸，是生命的表层向深层的依恋与回归。这意味着教育不仅是外展的，停驻于人的外在世界和人的现世中的"作为"，更是内延的，积极渗入人的内在生命世界，涵育人的生命情怀；意味着教育不只是浅表的，停驻于人际周遭的可见世界，更是深层的，内隐的，关注人的生命底层，涵育人的生命根基，引导个体去积极谋求生命之依托。

对个体生命情感的关注，并不意味着要把每个人都培养成哲人，思想者——恰恰现实教育中，太多的概念性纠缠阻隔了个体对生命的亲近和生命情感的化育——而是要把每个人都培养成活生生的生活的人，可能健全（健康）地生活的人，化育他们真实而完整的人格，让他们以积极的生命情感去善导他们的自我人生。

对个体内在生命世界的关注，决不意味着对内在生命情怀的简单甚或粗暴的干预或牵制，而是一种陶冶，一种自由之境中的涵化。没有自由，就没有个体的真正属己的生命情感的化育与生成。在此意义上，真正的教育或许就是陶冶："润物细无声"，个体生命情感在积极、活泼、明朗的教育情境中得以无声的滋润、涵化、展延、厚实。任何强迫、灌输，都是对生命情感的践踏。这意味着真正的教育总是（应是）充满生气，是对个体生命的肯定、激励、褒扬，对生命的热爱。昂扬向上的精神，热情洋溢的韵致，自由舒展的空间，把教育中的个体生命引向高处。个体生命向教育情境开放，如同花蕾迎候朝阳，个体生命经由教育润泽，生命情感得以翻升。

二、身体及其感觉：教育现代性问题审理的起点

生命情感总是内在于个体生命的情感，生命情感的化育，离不开个体的身体感觉，生命情感必然以生命体作为在体论基础。身体感觉是个体内在生命世界与外在世界相遇的中介。只有当个体凭其肉身、心灵去积极感受外在世界，感受个体生命在世界中的活动，才可能产生个体内在的生命情感。

身体感受是生命情感的基础，排斥身体及其感觉，只可能培育出虚幻的生命情感。"只有在身体上，感觉才有自身最为实在的感觉。……身体是感觉的在体论基础，感觉则是身体之在的认识论功能器官。因此，从感觉崇拜到身体崇拜，构成了现代主义向后现代主义的发展逻

辑，身体成为在体论和认识论的关注焦点。"① 身体是生命情感发生的起点，身体的优位性成为生命情感化育的基础。现代"审美主义的推进是神化身体情状的感性，它走向的所在是身体之在，扩展感性的身体触角，以达到对我在真实的感觉性把握"。② 生命情感的延宕正是始于"感性的身体触角"的延伸，从而实现对个体多样可能生命状态的真实把握。生命情感正是在身体状态中，在身体状态的感性延伸中才能找到其生存论上的确定位置。

人作为活生生的生命体在世界中，人的身体向世界作感性延伸，世界的物质"以其感觉的诗意的光辉向着整个的人微笑"（马克思）。"我们现实生活里直接经验到的、不以我们的意志为转移的、丰富多彩的、有声有色有形有相的世界就是真实存在的世界，这是我们生活和创造的园地。"③ 只有当我们的身体真实地感受到这"丰富多彩的、有声有色有形有相的世界"，我们才可能真实地发现，"美是存在着的！世界是美的，生活是美的"。④ 对外在世界的美好而真实的感受向内在生命世界延伸，才可能唤起美好而真实的生命情感。

"转向身体现象学，是现代学必须负担的问题。中国现代思想中的审美主义尽管已有近百年历史，却并未意识到审美主义在哲学本体论和社会理论层面引出的难题：身与'义'之间的紧张。"⑤ 对于身与"义"的紧张，中国千百年来的基本思想就是舍"身"而取"义"，以对身的贬损和"义"的高扬来消解其紧张，个体自觉或不自觉地为"义"所控制，失去了属己身体感觉。或者说表达属己的身体感觉、为其赢得正当权利的意识，许多在"礼义"的对照下被视为"恶"的身

---

① 刘小枫：《现代性社会理论绪论》，上海三联书店 1998 年版，第 347 页。

② 刘小枫：《现代性社会理论绪论》，上海三联书店 1998 年版，第 348 页。

③ 宗白华：《美学散步》，上海人民出版社 1981 年版，第 21 页。

④ 宗白华：《美学散步》，上海人民出版社 1981 年版，第 21 页。

⑤ 刘小枫：《现代性社会理论绪论》，上海三联书店 1998 年版，第 351 页。

体感觉，就只能隐匿于内心，用孔子话说，"思无邪"，那"邪"的
"思"便成为生命情感中沉重的负担。

　　这种贬身扬"义"的文化精神直接成为中国教育的基本价值取向。
"两耳不闻窗外事，一心只读圣贤书"。过去的圣贤经传成为遮蔽人的
身体感觉的重要因素，今天沉重的课业负担以及跟学生相疏离的教育形
式同样构成对学生个体身体感觉的遮蔽。师道尊严的文化传统以及尊严
之下师生人格的不平等，和由此发生的教师对学生的权利控制①，也构
成了对学生身体感觉的抑制。我们的以规训为基本特征的教育直到今天
依然没有正视过学生的身体感觉。学生在教育中从来就没有（实际上
首先是不敢想）表达自己身体感觉的权利，只有顺从教育的引导，去
思、去说。撇开身体感觉的思与说便成了无"我"的思与说，故我们
的教育中充斥假话、空话，言不由衷的话，不仅是学生，也包括教师，
而且首先是教师。教师率先在教育中掩盖了其身体感觉，他首先"无"
"我"。

　　人的全面发展作为教育的现代性追求基本理念，意味着身体问题在
现代教育中的凸显，或者说身体成了教育的一个现代性问题（这全然
不同于作为全面发展教育之一项的体育）。"审美的现代人反抗精神理
念诸神的统辖，这场造反使身体之在及其感性冲动摆脱了精神情愫对生
存品质的参与，表达了自然感性的生命诉求——反抗伦理性的生命法
则，即反抗身体之在的任何形式的归罪。"② 身不再成为贬损的对象，
相反，"一百年来，作为现代主义之一的审美主义不断向前运动，在社
会形态和文化思想形态中，感觉—身体崇拜不断上升"。③ 身体之在的
正当性成为我们重新审定全面发展教育的起点。

------

① 刘铁芳：《教育者的形象与师道尊严》，《现代教育研究》1999 年第 3 期。
② 刘小枫：《现代性社会理论绪论》，上海三联书店 1998 年版，第 348 页。
③ 刘小枫：《现代性社会理论绪论》，上海三联书店 1998 年版，第 350 页。

人的全面发展，必须而且首先是人的身体及其感觉的发展，撇开了身体感觉的发展不可能"全面"，更不可能"和谐"。"教育者，养成人格之事业也。"① 无"我"的教育如果说它可能养成人格，那也只能是虚伪的人格。真实的人格必然以其身体感觉作为在体性基础，"我"的人格是置于"我"的身体之中，是在"我"的身体状态之中。个体人格的真、善、美质素并不是以对身体的贬损为依据，相反是个体身体感觉的发达与昌明，是身体感觉的提升。

或许，教育应当引导个体去作积极的自我探寻，意识到有一个"我"生活在世界中，并作为一个真实的生命体在这个"生活的世界"中积极去交往、感觉、理解，用肉身、心灵去感觉，用整个的身体去感受，而不是拒斥个体的肉身、心灵感觉，不是用简单的规范、指令去束缚、压制个体的身体感觉，更不是企图用他者的感觉去取而代之。灌输的道德教育正在此处造成了对个体生命的僭越。你要放弃自己的感觉，你应当如此这般去感受、思考、行动。尽管这样那样的内容可能是道德的，但当其拒斥了个体的身体感觉时，它就构成了对个体生命的强制。伦理诉求与身体感觉的张力是客观存在，但二者决不是一个简单取此舍彼的问题。排斥个体的身体感觉，意味着失去了个体道德人格的在体性基础。当然，强调个体的身体感觉，并不意味放纵，而是尊重，尊重个体的身体感觉，尊重个体作为一个活生生的生命体，尊重一个人，在此基础上才可能谈得上个体生命情感的积极化育。

三、幻想与幸福、欢乐的感受：儿童教育的真义

生命情感并非与生俱来，它化育于个体的人生实践之中。生命情感亦非一成不变，它必然会随着生命的流逝而呈现其流走性，但无论如

---

① 高平叔编：《蔡元培教育论集》，湖南教育出版社 1987 年版，第 83 页。

何，"一个人从小所受的教育把他往哪里引导，却能决定他后来往哪里走"。① 美好的生命情感总是跟早期的教育及其生命体验息息相关。教育不可能允诺人一生的幸福，但幸福的人生却从早期的教育体验开始。

"为使孩子能成为有教养的人，第一，要有欢乐、幸福及对世界的乐观感受。"② 早期的欢乐、幸福及对世界的乐观感受能唤发儿童良好的身体感觉，使他们能经由自己的身体感觉而感受到生命的关爱、美好、欢乐，唤醒他们的愉悦的生命情感，对自我、他人乃至其他在儿童的幻想世界里被赋予生命的非生命体的关爱，从而在幼小的心灵里有意无意地唤起美好的生命情感。学校当然不可能全面担当起寄予儿童幸福、乐观感受的责任，它更需要家庭、社会的合作关注。但有一点，学校教育绝对不是以贬损儿童的幸福、乐观感受为代价，而把学生纳入繁重学习的劳役之中。"教育必须保护孩子们心灵中巨大的、无可比拟的精神财产和精神财富——欢乐和幸福。"③

对于儿童早期教育来说，最重要的旨趣并不是知识的积累，甚至也不是智力的开发（并非反对智力开发），而是（或者说就是）儿童美好心性的化育，是早期生命情感的化育。个体的身体感觉原本是不可取代的，是属己的，但教育中我们常试图用他者的感觉来规训某些学生的身体感觉。前者只是手段，后者才是根本目的之所在。真正的教育并不是让人去听不习惯听的"教训"，对于儿童来说，也许最重要的就是对那些与世界交往中的无数"奇妙的事情"的体验。这些"体验"，激发儿童的幻想和想象，在幻想中拓展儿童内在的生命世界，获得美好、欢乐、幸福的体验。幻想和幸福、欢乐的感受，这（应）是儿童最重要

① 张法琨编：《古希腊教育论著论》，人民教育出版社1994年版，第102页。
② 苏霍姆林斯基：《怎样培养真正的人》，蔡汀译，教育科学出版社1992年版，第5页。
③ 苏霍姆林斯基：《怎样培养真正的人》，蔡汀译，教育科学出版社1992年版，第6页。

的质素，是儿童教育真谛之所在。

中国的传统文化是以成人为本位的，儿童在传统文化中受到蔑视。"吃得苦中苦，方为人上人"，传统教育漠视儿童的幸福感受，如蔡元培先生所言："是教育预定一目的，而强受教育者以就之；故不问其性质之动静，资禀之锐钝，而教之止有一法，能者奖之，不能者罚之，如吾人之处置机物然，石之凸者平之，铁之脆者煅之；如花匠编松柏为鹤鹿焉；如技者教狗马以舞蹈焉；如凶汉之割折幼童，而使为奇形怪状焉。追想及之，令人不寒而栗。"① 直到今天，蔡先生极力反对的教育情状并未有根本的转变，对儿童生命情感的关怀并没有成为教育的视点，儿童过早过多地被塞以各种各样的知识、技能，没有生命情感化育的空间，儿童被训练成为缺少灵性的智能机器，这样的结果是，儿童生命情感的淡漠许多时候让人触目惊心。如果说教育就是在培植未来，那么，对儿童生命情感的化育就不仅是一个教育的问题，而是事关民族未来的问题。我们怎能把民族的未来托付给一群没有生命情感，"没有心肝"（马克斯·韦伯）却又是高智商的人？对生命冷漠的人怎么可能化育出崇高的责任感、使命感？

四、苦难意识（苦感）：教育延展的另一维

强调教育（特别是早期教育）要关注儿童幸福、乐观的感觉，从积极之维去激励生命情感的化育，并不意味着教育要排斥苦难（痛苦）。相反，从消极之维去化育人的苦难意识，增进个体对苦难的体验，深化人的生命情感，同样是教育应有之义，"教育乃建构精神，它使生活成为人的艰难作为"②。换言之，由于苦难（痛苦）之于人生之

---

① 高平叔编：《蔡元培教育论集》，湖南教育出版社1987年版，第207页。
② 金生鈜：《理解与教育》，教育科学出版社1997年版，第119页。

不可避免①，教育就是要引导个体直面人生的苦难，担当人生的艰难，如此才可能真正实现对幸福人生的导引。

"人生重重地压在我们身上，它的重量越重，我们就越深入人生之中。"② 对苦难的体验与认同，让人把对生命的追思与探寻引向深处，化育人透彻的生命意识，对生命的珍爱和对他者生命的同情，引导个体超越自我，把个我生命引向对他者生命乃至普遍生命的关怀，拓宽人的生命情怀，丰富人的生命情感，净化人的心灵，提升人的精神境界。"我们可以'沉浸于'一种苦感，也可以与之抗争；对于痛苦，我们可以'承受'，'忍受'，'遭受'，也可以'享受'。……在这里'感受功能'的层次之上，还存在着个体的精神位格的活动和行动，它们能够在生命空间和生命关联的整体上，将一种完全不同的特性赋予个体的感觉情状，从而影响其程度、位置、意义和可塑性。"③ 良性的苦难意识（苦感），引导"个体的感受超越自己的直接体验，被嵌入世界及其（神的）根基的关联之中，成为其中的一环"。④ 个体置身苦难的体验之中，可以激发自身潜在的活力，唤取个体的崇高感，激励个体的人格尊严与价值。"经此磨难，实践着的人的感性历史地丰满起来。经历了痛涩和忧虑，品尝了绝望的滋味，人格升华了。犹如'逮夫厄运危时，天地闭塞，元气鼓荡而出，拥勇郁遇，忿愤激讦，而后至文生焉。'痛苦的压抑，激发了人的自觉意识，使个体达到彻悟般的主体性状态，理会到自己作为价值存在的要求。"⑤

人往往在苦难意识中，在厄运之时，更能超乎寻常地意识到自己作为人格主体的力量、本质和尊严。奥地利心理学家弗兰克尔曾指出，

① 乐黛云主编：《跨文化对话》，上海文化出版社 1998 年版。

② 崔建军：《纯粹的声音》，东方出版社 1995 年版。

③ M.舍勒：《爱的秩序》，林克译，三联书店 1995 年版。

④ M.舍勒：《爱的秩序》，林克译，三联书店 1995 年版。

⑤ 刘小枫：《个体信仰与文化理论》，四川人民出版社 1997 年版，第 32 页。

担当苦难，会使人格更加深邃精微。超乐避苦当然是自然人性的。但当厄运、灾难、逆境无法避免时，人就应勇敢地承受它。厄运会使人更深地认识到自己的本质。悲剧性境遇，痛苦的体验与人的本质力量的激活有一种普遍必然的联系。痛苦并不只有消极的意义，也有积极的功用①。

苦的体验可来自于自身，更多地来自他者，来自民族的、人类的、历史的苦难体验与认同。正是对他者、民族乃至人类苦难的同情与理解，使个体生命由小我走向大我，把生命情感由此岸引到彼岸，引向博大的生命情怀，从而在生命的深层培植对普遍生命的关怀，给"学会关心"找到在体论上的依据。

中华民族是一个灾难深重的民族，尤其"近现代史，中国较之世界，其痛苦的深重，唯犹太民族可比。但察其表达痛苦的文字，诚如鲁迅所言，多在'激动得快，消失得也快'之间，不过'哀其不幸，怒其不争'之类的道德文章而已。"② 沉重的苦难并没有化育出如俄罗斯精神般深厚的苦难意识③，从而转换成文化精神的新生，反造成对苦的拒恨，对苦难意识的排弃。我们愈是想抽身远离苦难，却一次又一次难免苦难的纠缠。我们必须自问：为什么我们会一次又一次受难？我们能从苦难中学到什么？"不管怎么说，怕和爱的生命本身我们尚未完成，晚祷的钟尚未响彻华土，理想与受难的奇妙关系我们尚未寻到。"④

虽然我们的教育中不乏受苦，甚至还强调受苦（"苦学"），但苦难意识（苦感）却从来没有被置于教育的视野，"修身齐家治国平天

---

① 刘小枫：《个体信仰与文化理论》，四川人民出版社 1997 年版，第 46 页。

② 张志扬：《缺席的权利》，上海人民出版社 1996 年版。

③ 这里的原因有很多，其一，群众担当与个体意识的欠缺，家族意识阻碍个体深入苦难的深层；其二，实用追求与现世理想超验之维的匮乏阻碍了精神的突破。笔者有待进一步思考。

④ 刘小枫：《这一代人的怕和爱》，三联书店 1996 年版。

下"的现世宏大主题排弃了个体苦难意识的化育，人们太争于寻找一条实现自我理想之路而不是谋求精神的依托，现世的功用遮蔽了精神之维的扩张，这实际上意味着教育另一向度的失落，教育单面化、表浅化。这在今天的教育中并无实质性改变，反而有强化之势。今天，对现世功利的追求在被彻底合理化中日趋强化，尚富成为主导的潮流，羸弱的精神之维更趋隐藏，曾经受苦的一代不再愿意把丝毫的苦难加诸年轻一代，年轻人的眼光盯在高处，同情、关怀弱者的心向日趋晦蔽，对他者生命的敏感性越来越稀缺，一遇挫折便不能经受，这样的结果可能是一代精神人格的萎缩。"精神之为精神就在于它全然不具有任何强力，它原本天生无力；问题在于，是否应该因此而否弃精神和爱，把决定世界的意义形态的权利拱手交给所谓永远有力量的现实历史法则！回答是一个坚定的'否'！生命的意义就在于把自身的强力奉献给精神羸弱的爱。"① 也许，完整的教育除了赋予人以现实强力之外，还应努力去化育人的"精神性羸弱的爱"。"一个人只有在其童年和少年时期同大自然和人们打交道的那种条件下使他的心灵不平静、忧虑、柔弱、敏感、易受刺激、温柔，富于同情感，他才会成为有教养的人。"②

五、教育之为：创造生命情感化育的空间

现实中太多冠以"教育"名义的教育形式占据了学生个体生命空间。我们强调生命情感化育，并不意味又要在一连串的"××教育"之后加上"生命情感教育"，而是意指我们应对那些太多太滥的教育形式进行调整、改造、压缩，给个体生命情感的化育留下足够的自由与空间。我们的教育太习惯于强力干涉，沉重的权力支配之下不可能有良好

---

① 刘小枫：《这一代人的怕和爱》，三联书店 1996 年版。
② 苏霍姆林斯基：《怎样培养真正的人》，蔡汀译，教育科学出版社 1992 年版，第 7 页。

的生命情感的生成。或许，我们可以换一种方式、一种态度，使教育过程由一种权力控制之中的程序运作走向个体全身心参与、并使个体身体感觉得以阐扬的审美化的教育历程。

"如果一个正在建构自己精神世界的人，不曾读过动人心弦、激荡心潮的书，不曾有自己百读不厌的优秀书籍，不曾为人类的智慧惊叹不已，不曾从书籍那里广泛地吸取人类智慧和精神力量，不曾从书籍中得到一种雄浑博大的崇高气质的感染，那么，他就没有受到地地道道的、货真价实的教育，难以想象会得到智力的和精神的充分和谐的发展，会有充实、丰富、纯洁的内心世界。"[①] 自由而非纠缠于字、词、句、篇、修辞、语法、写作技巧、中心思想的阅读，确实是人的生命情感化育的必要且重要的途径。教育应该引导个体更多地以自由的心态去接近人类历史上那些智慧、挚爱的心灵，接受那些优美而又浸润着苦难的文字；让个体去领略唐诗宋词的意境，领略陈子昂、王昌龄的悲慨，高适、岑参的雄浑，王维、孟浩然的冲淡，李白的豪放，杜甫的沉郁[②]；让个体去接近俄罗斯的精神，去接近陀思妥耶夫斯基、托尔斯泰、赫尔岑、索洛维约夫、别尔嘉耶夫、康·巴乌斯托夫斯基……让个体走近哈姆雷特、浮士德、约翰·克利斯朵夫、凡·高……如果一个人不曾为维罗纳晚祷的钟声黯然销魂，不曾为"我还是变成鱼好"的那位七八岁的小男孩（艾特玛托夫：《白轮船》）而深深感动，不曾为安徒生海的女儿黎明前的毁灭心碎……他怎能说是受到好的教育？真正的教育或许就是"薪火相传"[③]，用人类历史上积淀下来的那些最优秀的文化精神的火种去照亮后人的生命情感，点燃他们待燃的精神之"薪"。

艺术或许是另一最重要的教育质素。"在最低意义上，艺术活动展示给人类的是爱的绝对性。……通过对普遍自我的爱，个体生命才能实

---

① 肖川：《教育与文化》，湖南教育出版社 1990 年版，第 32 页。
② 王明居：《唐诗格美新探》，中国文联出版公司 1987 年版。
③ 葛兆光：《学术的薪火相传》，《读书》1997 年第 8 期。

现对人的爱。否则，人就不可能对他人有本真的爱。"① 教育应该引导个体去广泛地接触艺术，接触那些包含着优美、和谐、崇高、激情、想象、爱的质素的艺术作品，在日渐丰富的艺术体验中化育自身的灵性、激情、想象，化育个体身心的敏感性。"人类应珍视那些从艺术上促进人类向更强健、更富柔情、更有胆识的人性前进的艺术作品。"② 或许，艺术教育的根本目的并不在于培养个体欣赏美、创造美、表现美的能力，而在于化育个体敏感而丰富的心灵。

对生命世界的理解、探寻离不开科学知识和科学意识。个体只有以必要的科学知识和智慧作引导，才可能更多更广地深入现实的活生生的生命世界，去积极观察、思考、追问、幻想、惊讶，探玄钩奇，领略生命世界的奥秘，培养对生命世界的珍爱。如果说人文艺术更多的是从精神之维去涵育人的生命情怀，那么科学则是从实存之维去拓展人的生命情感。当然，这里涉及科学教育的形式，即科学教育不能只满足于一个抽象的概念世界，而应时刻关注作为科学基础的世界，活生生的生活与生命的世界，这才可能真正通过科学教育去拓展人的生命情怀。

文字的世界、艺术的世界、科学的世界，更多的是理想中的世界，要化育积极的生命情感更依赖于建构个体与现实生活世界的关联。教育要积极敞亮个体通向世界的窗口，引导个体以其身心去真实地感受外在世界，感受世界中的寻常事物，培养对寻常事物的关爱。要做到这一点必须保证学生是自由的，只有自由，才能倾其身心与自然事物交往，学生如果被某种外在压力（比如沉重的书包）钳制，他就不可能有身心的自由，也就不可能有与周遭世界的自由交往。如果教育反成了个体与周遭世界的阻障，那么这种教育对于生命情感的化育就构成了阻障，难怪宗白华先生说："我小时候虽然好玩耍，不念书，但对于山水风景的

---

① 查常平：《先验艺术论》，参见《人文艺术》1998 年第 1 期。
② 刘小枫：《个体信仰与文化理论》，四川人民出版社 1997 年版，第 68 页。

酷爱是发乎自然的"①；沈从文先生说："若把一本好书同这种地方尽我拣选一种，直到如今，我还觉得不必要看这本弄虚作假千篇一律用文字写成的小书，却应当去读那本色香具备内容充实用人事写成的大书。"②原来，那些生命情感化育充分的名家大都是在正规教育的边缘成长起来的，这难道不足以引起我们的省思吗？

也许，我们有必要再次重新面对千年古训，所谓"十年树木，百年树人"。真正的教育与急功近利无缘，与那种试图把教育变成科学、精确、规范、高效、有序的现代化流程的做法背道而驰。个体精神生命的生长生成，需要涵蕴、养成。我们在关注个体现实作为能力的培养的同时，应实实在在地关注个体的身心，关注身心情态的发育，关注个体内在生命世界的扩展，给予个体身心的化育以充分的自由，培育他们身心的敏感性（而不是"麻木不仁"），让他们默默地、无声无息地增长（不可能高速、高效）对世界的爱、关怀、激情，也让他们保持对自我生命的敏感、珍爱。

苟能如此，教育应无愧。

---

① 宗白华：《美学散步》，上海人民出版社 1981 年版，第 279 页。
② 沈从文：《沈从文散文选》，湖南文艺出版社 1992 年版，第 27 页。

第十三章

教学：一个可能的价值世界

　　教育即生活，教育应当关怀人的生活及其价值，教学则应当体现对可能生活及其价值的关怀。好的教学是生成性、给出性的活动，是有价值的教学，使人与世界的关系完满、丰富、鲜明；使人与人的交流广泛、深入、全面；使师生关系民主、轻松、和谐。

　　教育的价值关怀并非遥不可及，教学过程本身，正是一个为价值性充盈的过程。

教育是一种特殊的生活过程，教育不是生活的准备。教育应该关怀人的生活。关怀人的生活首先就应该关怀人的当下生活，关怀此时此刻在此的人之"在"，教育应当成为此时此刻的个体的可能生活价值完满的一种特殊方式。教育还直接启发、拓展个体全面的生活视野和价值视野，并引导、尊重个体独特的生活价值取向和追求生活价值的方式，尊重并关怀个体日常生活的价值。教育应突出个体独立人格的培养，让个体真正成为生活价值承载的主体，积极地去谋求自我价值选择和价值创造。教育关怀并尊重了生活的价值，意味着教育关怀并尊重了人。

教育即生活，教育应当关怀人的生活及其价值。教学是教育（学校教育）的一种重要而特殊的方式，教学应当体现对可能生活及其价值的关怀。

一、什么是教学：对教学含义的传统解释与评价

什么是教学？教学常被解释为教师的教和学生的学共同构成的一种双边性教育活动。教学包含了教师的教和学生的学，但教学并不是两者的简单相加。教学的意义超越了教师的教和学生的学。由师生构成的双边活动多种多样，其间的差异甚大，优劣俱存。教师的教和学生的学构成的双边活动并不足以揭示教学的本质，不足以宣称什么是教学，确切地说，什么是好的教学。

教学的过程通常被界定为一种"认识过程"或一种"特殊的认识过程"。教学过程"主要是引导学生掌握人类长期积累起来的科学文化

知识的过程"①，这种教学观的基础之一是近代以来科学知识的迅速发展，功利主义的渐次上升，人类为更多地谋求福利而通过教育谋求更多的知识积累，使自身富于更多的征服自然、改造自然的力量，以至于教育也由古典人文性渐次向功利性转变，教学的过程不再是古典的陶冶教化为主导而转向以认识为根本大任。基础之二是近代以来一直高扬的主客体二元思维模式，人是自然的主人，是世界中的主体，世界是客体，教学就是为了"学生掌握科学文化知识"去"认识世界"或者说"能动地认识世界"。② 从赫尔巴特的明了、联想、系统、方法，到布鲁纳的发现法，再到赞可夫教学与发展和巴班斯基教学过程最优化，归根到底都是建基于这种教学观之上。

这种教学观突出了个体的认识能力，却事实上弱化了人的其他方面，尽管后来提出了非智力因素（活动），但非智力因素（活动）的着眼点仍在于智力活动，非智力因素并没有作为目的，或者说根本性目的。这意味着这种教学观简化了对人的认识。这种教学观突出知识的接受和认识能力的提高，弱化了教学的意义。把教学过程归结为认识过程，实际上简化了教学的复杂内涵，它并不足以揭示教学的深层本质。但这种教学观适应了近代以来的社会发展的需要。与其说它是教学本质的揭示，不如说是现代功利教育对教学要求的表达。

把教学界定为教师的教和学生的学的双边活动并不足以揭示教学的本质，把教学过程定义为"特殊的认识过程"并不足以揭示教学的深层本质。教学究竟有没有确定不变、亘古不移的"本质"？教学的形式、种类多种多样，其间的差异也高下不齐，要从那包罗万象的泥沙俱存的种种教学现象之中"抽象"出一个"本质"来或许并没有多大意义。"教学有法，但无定法"，所以，实际上，我们的目的，提问的关

---

① 王道俊、王汉澜主编：《教育学》，人民教育出版社 1989 年版，第 198 页。
② 王道俊、王汉澜主编：《教育学》，人民教育出版社 1989 年版，第 197 页。

键乃在于，我们期望的教学、理想的教学、好的教学究竟如何？也许，并没有一种标准的、规范的且唯一的教学范型摆在那里，让我们从中"找"出"本质"来。教学，好的教学乃是生成性、给出性的活动，不是照章行事，不是依葫芦画瓢。

二、何谓"好的教学"：对教学的重新认识与期盼

既然我们设问的实质乃在于"好的教学"，何谓"好"的教学？"好的教学"的"好"必然是对于师生而言的"好"，对师生"好"的教学即对师生有意义的、有价值的教学。有价值即对师生而言有价值，即整个教学过程对作为人或者说作为生活的人的师生内在地富于价值。我们言称的"好"的教学即有价值的教学，好的教学与有价值的教学相统一。故我们的提问进一步成为好的教学，有价值的教学。究竟如何？

教学活动是整体的人的活动。教学不是单纯的认识过程，个体作为一个人并不是单纯的认知机器，去履行单纯地认识世界的职能。人原本就生活在世界中。这个世界并不只是作为人的认识对象，而且是人的生存之所，生活之家园。个体在认识世界的过程中，人的知情意整体性地趋向这个世界，"评价地投入"（麦金太尔）这个世界，人的"在"亲近这个世界，人与这个世界相关涉。

人在教学中，在教师的引导之下，不断趋向那陌生于个体的世界，使陌生的世界熟悉化、明朗化，而渐次到场。个体于是在教学中得以亲熟这个在场的世界，理解这个世界，体验这个世界，进而体验与理解人在这个世界中之"在"本身，人与这个世界的关系得以在教学中敞亮、疏明，人理解它，践行之，持存之。正因为这种意义的牵涉，因为世界在教学中向个体的涌入，个体此时此刻在此之"在"得以充盈、完满、活泼、丰富，此时此刻的教学对于此时此刻的个体的生存便是自由的，

自主性的，便是价值性的，便是好的。

现实中，大量的教学活动对此时此刻在此之"在"漠不关心，缺乏足够的魅惑力，反而成为一种对个体的强迫性牵制，个体受动于其中，感受不到内在的充盈与完满。所以，我们有必要从新的角度来探讨教学的可能之境。

教学的过程是人与人之间的交流过程，即师生交流、生生交流、学生自我的内在交流过程。交流的过程是寻找和发现共同点的过程，是不断寻求"共视"或"共识"的过程，是相互启迪、相互激励的过程，是情绪情感相互濡染的过程，是人格相遇的过程，是思想精神相互贯通的过程。教学就是对交流引导的过程，就是交流不断深入、拓展的过程。

好的教学不仅使交流广泛、深入、全面，而且使交流成为充满爱的交流，成为"与人格平等的求知识获智慧的人进行富于爱心的交流"。[1]人在教学中，人在交流中，人在对交流的丰富性、整体性的体验中，人不断被激发并体验其中的爱、智慧、活泼、丰富、完整、超越、诙谐、幽默……经由不断交流而使孤立的个体走向"共在"，大家都"参与"整体之中，个体以一种全新的方式实现它此时此刻的"在"。

教学过程是师生展开对话、理解而达成"我—你"师生关系的过程。"教学就是教师与学生运用想象力来从事意义创造和分享的过程"[2]。师生之间不是简单的知识授受，而是共同进行有关学习主题、意见、思想、情感的交换和分享。在教学中，教师和学生并不是纯主体对客体的关系，不是单纯作为主体的教师对作为客体的学生的有效性支配、控制，而是师生双方均作为真实的活生生的主体的人投入于教学中，投入于师生的积极对话中，各自敞开自我，接纳对方，互相倾听，

---

① 雅斯贝尔斯：《什么是教育》，邹进译，三联书店1991年版，第2页。

② 金生鈜：《理解与教育》，教育科学出版社1997年版，第131页。

互相吸引，互相包容，共同在场，共同参与，共同卷入此时此刻真实的教学活动之中。

在对话中，师生建立起平等、自由、同情、关心、宽容、鼓励、帮助的关系，是平等的人与人的关系。师生互相理解，理解作为一个真实而完整的人的对方，尊重对方的人格，支持对方，激励对方，接纳对方，师生在教学中便产生了真实的人格与精神的相遇相融。"对话和理解使双方面对面地相遇，每一方都把另一方看作是与自己'交谈'的'你'，这是第一人称和第二人称的关系，双方亲临在场，在精神的深处被卷入了，沉浸与被吸引到对话之中。"① 由此而践行"我—你"新型的师生关系。在这种关系中，师生都作为完整的人在交谈、相遇，自由地展现各自的情感与理性、直觉与感觉、思想与行动、经验与知识，都"真""诚"地投入"我"与"你"的对话之中，双方都在理解中获得了沟通与共享，师生真正地实现了"教""学"相长，不仅是知识的增长，而是作为一个完整的真实人格整体性地生成与超越，这样就实现了真正的教育。"教师传播知识的职能正在逐渐地改变。教师倾向于对学生进行精神的启迪和培养，对学生生活的指导，这就是要求教师通过创造积极的师生关系，使学生获得人际关系的积极体验，引导学生的精神成长。这就意味着教师的职能不仅仅是传授知识，而是更多地创造师生交往，使学生在师生关系中体验到平等、自由、民主、尊重、信任、同情、理解、宽宏，同时受到激励、鼓舞、指导、忠告和建议，形成积极的人生态度与情感体验，受到精神的教育。"②

人具有游戏的本质。人是"游戏的人"（荷兰，胡伊青加），在某种意义上，教学就是师生作为"游戏的人"的一种特殊的游戏方式。"只有游戏者沉浸到游戏活动中去之时，游戏活动才会真正充满其所具

---

① 金生鈜：《理解与教育》，教育科学出版社1997年版，第138页。

② 金生鈜：《理解与教育》，教育科学出版社1997年版，第130页。

有的目的。使游戏成为真正游戏的并不是由游戏所生发出的与严肃事物的关联，而只是游戏时的严肃事物，……游戏的存在方式不允许游戏者像对待一个对象那样去对待游戏。"① 教学过程走向游戏的过程，师生双方忘却了外在的期望、压力，"全心全意"地投入于教学之中，为教学情境吸引、引导，师生按照此时此刻的教学情境应有的方向共同前进，师生不再作为引导教学的主体，教学的主体成了教学本身，师生双方完全沉浸于当下的教学愉悦之境，享受教学之境中的自由、轻松、和谐、融洽、光明、温暖。"所有游戏活动都是一个被游戏的过程。游戏的魅力，即从事游戏的迷惑力就在于游戏超脱了游戏活动者的主宰……游戏的真正主体，并不是游戏者，而是游戏本身。游戏就是具有魅力地吸引游戏者的东西，就是使游戏者卷入游戏中去的东西，就是在游戏中赢得游戏者的东西"。② 教学过程的关键并不就是教师如何有效地"支配"教学过程，而是怎样使师生双方共同为教学吸引、迷惑，真正使教学成为有魅力的教学、"好"的教学。或许，只有好的教学才配得上游戏的本质。说教学是游戏的过程，并不是言称教学必然的本质，而是一种期望，对好的教学的期望。

"游戏并不是在意识或游戏活动者的行为中获得其存在的，而是相反地在游戏领域中培养出游戏活动者并使之充满其精神的。"③ 师生在共同给出教学活动之时，教学同时就在教学情境中"给出"师生，充满游戏精神的教学寄予并贯注师生以完满的游戏的精神，诸如平等、自由、民主。在走向游戏情境的教学中，师生共同走向作为"游戏的人"。

---

① 伽达默尔：《真理与方法》，洪汉鼎译，辽宁人民出版社 1987 年版，第 147 页。
② 伽达默尔：《真理与方法》，洪汉鼎译，辽宁人民出版社 1987 年版，第 154 页。
③ 伽达默尔：《真理与方法》，洪汉鼎译，辽宁人民出版社 1987 年版，第 158 页。

三、教学过程：一个价值关涉的过程

教学活动是作为整体的人在其中的活动，好的教学过程并不是单纯的认识过程，它是人与世界积极相关涉的过程，是人与人交流的过程，是师生对话、理解而达成"我—你"关系的过程，是一种特殊的游戏的过程，是一个内在的价值关涉过程。

真：教学的过程是师生一道求"真"的过程，追求世界的真，也追求人生的真，追求并体验世界与人生的"真知灼见"，在此过程中彰显自我的本真人生，相互敞亮自我的真。

善：教学的过程是师生共同的活动，好的教学充满着师生相互的关怀、支持、理解、尊重、激励、帮助，使教学过程体现出秩序、条理、和谐、安宁、祥和，使整体的教学情境积极向上，充满活力。

美：好的教学活动，师生互相敞亮，彼此关照，使教学中透出人情之美、人性之美、人格之美，这是教学美之内层。在此之上是形式上的美，包括语言的美、手段方式的美。教学美的最高境界即教学本身的美，即教学本身为愉悦、真、善、自由、和谐、平等等价值性所充盈的境界。

爱：好的教学，爱心玉成。教学中的爱首先表现为师生之间的相互关注，相互之间对完整个体的关爱；其次表现为对整体人生的关爱，对人生的积极肯定，以及对自我的悦纳与认同；第三表现为师生对世界的关爱，践行人与世界的富于爱心的活泼交流。

平等：好的教学，师生双方都把对方作为一个完整的人，互相尊重、互相理解，教师不以权威自居，学生乐于接纳教师，双方在走向真知的过程中展开对话，各自作为对话的主体而投入到对话之中，共同创造并共享主题的意义。这种平等不是法律上的平等，不是外在的平等，而是内在的，是当下的个体能真实感受到的平等。

自由：自由的第一层含义是师生双方都作为独立、完整的人格而表现出来的自由，教师并非权威自居而凌驾于学生之上，学生也不是教师权威的延伸，在威慑之下而颤颤不已；自由的第二层含义是师生双方共同求真的自由，即面对真知的召唤而激发出来的对真知的向往和喜悦；自由的第三层含义是在第一、第二层自由的基础之上而实现的教学的游戏之境，即教学中表现出来的自由自在、和谐、轻松、安宁、思维的明晰、个体生存状态的怡然自得。

幸福：幸福是一种内在完满的感觉，师生双方沉于教学之中，教学活动不再是异于师生个体的活动，而成为一种自由性、自主性的活动，师生双方都可以从中获得内在的价值性的完满，在教学中的此时此刻的生存是幸福的生存。

自我实现：师生在教学中，教学吸引师生，并贯注师生以教学的精神，教学情境成了此时此刻的师生生存彰显与充盈的时空，教学让师生成为现实的"师""生"。师生"同在"教学中，教学不仅仅是学生自我实现之域，也是教师自我实现之所，师生双方共同在教学中臻于自我当下的完满实现。

师生"共在"教学中，教学对于师生双方作为人即是一种价值。这种价值不会因为最终的结果如何而改变，它就在此时此刻、在当下的真实教学中实现。

四、在可能与现实之间：对现实教学的价值呼唤

为什么现实中大量存在着课堂"无味"现象？"味"就是对于个体当下的意义、价值；"无味"就是无意义、无价值，或者说个体不能从中找到意义感、价值感。如果此时此刻的教学活动没有对此时此刻的教学中的人的生存状态作出直接的、积极的关涉，没有成为个体当下生存状态充盈的活动，个体便不能从中找到意义感、价值感，课堂对于其便

"无味"。这种"味"与"无味"的感觉，不仅针对学生，也针对教师。

教学活动不仅应该对学生而言内在地富于价值，对于教师同样应是内在有价值的。对于一个以教学为职业生涯的个体来说，如果教学不能成为其生活的主导性目标（majorgoal），成为其内在的价值完满性的活动，那么，这不仅仅是痛苦的，而且是不道德的。

教学活动是价值关涉的活动，但现实的教学并不一定是对于师生而言有价值的教学，真、善、美、爱、平等、自由、民主、幸福、自我实现……都只是教学的可能性价值，故曰："教学：一个可能的价值世界。"

从可能之境走向现实之路，最根本的是更新人们的教学观念，至少包括：（1）教学本质的认识，教学不是单纯的认识过程，而是认识性与价值性相统一的过程，是师生对话与交流的过程，是师生人格、精神整体性相遇相融的过程；（2）教学目的的认识，教学的目的并不只是单纯的认识世界，获得知识，培养技能，教学活动就是目的，教学就是要有效地使教学展开，展开师生的对话与交流，敞亮师生的人格、精神、情感、态度，也敞亮人与世界的关系，使教学成为一种真的活动、善的活动、美的活动，成为一种对当下的师生个体有价值有意义的活动，使真正的教育就发生在当下的教学情境之中，不管结果如何，这种教学即是有价值的；（3）师生关系的认识，师生关系并不是单纯的主客体关系，支配—被支配的关系，现实的师生关系更是或应是一种伙伴关系，是对话、理解、欣赏、相互倾听、彼此信任、激励关怀的关系，不是"我—他"，而是"我—你"关系；（4）教学内容（教材）的认识，教材并不是教学的上帝，教学要体现教材的要求，但从更根本的意义上说，不是教学为教材服务，而是教材为教学服务，即一定的教学内容是现实的教学展开的凭据，而不是简单地把教学视作贯彻教材的工具，此时此刻的教学并不一定要严格地围绕先在的教学计划、大纲等的预设而不越雷池一步，教学应有其相对的足够的自由性。在实践层面，需要增加课程设置的弹性、选择性，增加教学组织形式的灵活性、多样性，增加教学管理的灵活性，教学评价的全面性、多样性，等等。

　　也许，可能的世界只是一种理想的世界，它离我们的教育教学实际，离我们的社会现实还有很长一段距离，但这并不意味着我们无能为力。我们依然可以在现实的条件下，在一定的范围内，让普普通通的教学活动成为真、善、美之所在，成为智慧、爱、幸福之所在，让教学过程成为一个为价值充溢的过程，让身在其中的个体因价值性的充盈而成为完满的存在。

　　师生在教学中，不仅以达成共识为己任，而且还努力达成价值共创，价值共享。

　　小小教学世界，关照完满人生。

第十四章
───────

"说" 的教育

　　"说" 是我们的生存方式，人与 "说" 本质性地相关联，教育中个体存在的本真样式就是 "说"，教育亦与 "说" 本质性地相关联，教育存在的基本形式就是 "说"。

　　古典时代的教育就是活生生的 "说" 的教育。现代教育越来越多地变成了读、写、算的教育，"说" 在教育中的地位和意义下降，这在我们的教育中更加突出。我们的教育应更多地创造 "说" 的机会，尊重 "说"的权利，培植 "说" 的勇气，锻炼 "说" 的智慧，真正使学生成为"说" 的主体。

一、人是"会说话的动物"

　　早在古希腊，人被界定为"会说话的动物"①。古希腊生活中的逻各斯精神首先就是表现在"说"中，"雅典公民的主导生活形式是'政治—说'或整天上市场参加自由的、公共的、公开的争论，在法庭中'控诉'着或'辩护'着"。② 亚里士多德提出，"人类所不同于其他动物的特性就在于对善恶和是否合乎正义以及其他类似观念的辨认（这些都是由言语为之互相传达），而家庭和城邦的结合正是这些义理的结合"。③ 人在"说话"中辨认正义，阐明正义，理解正义，赢得正义，实现正义，充满"言说"的生活，是活生生的生活。在公元前5世纪的希腊，普遍认为口头讲话比书写更重要，更为本真④，他们所追求的正是活生生的、进行中的"说话"，追求活生生的"说话"的生活与这种"逻各斯"生活的卓越。

　　把人定义为"会说话的动物"，凸显了"说"之于人的生存的根本性关联。因为我们是人，所以我们"说话"；或者说作为人就意味着能"说话"，因为我们能"说话"，所以我们是人，或者说，"说话"使我们成为人。鹦鹉学舌并不是"说话"，它"说"的只是像人的声音的

---

① 叶秀山：《思·史·诗》，人民出版社1988年版，第42页。
② 包利民：《生命与逻各斯》，东方出版社1996年版，第124页。
③ 亚里士多德：《政治学》1253a10—18，吴寿彭译，商务印书馆1965年版。
④ 包利民：《生命与逻各斯》，东方出版社1996年版，第122页。

"鸟话",作为生存着的人,我们不能不说,我们的生存"让"我们"说",我们"说"出我们的生存,说出"Dasein"。"说"就是我们生存的方式,"言说"的意义深深植根于人的生存本质之中,或者说"言说"就是生存意义绽放的基本形式。

我们说话,我们"伦理"地"说",我们说什么和我们说话的方式,表达我们对世界的伦理关怀,彰显我们生存的德性品质;我们"审美"地"说",我们不仅"说什么",而且力求说得动听,"说"出我们的情感、态度,"说"出我们生存的感性品质;我们"智慧"地"说",我们"听""道","思""道","说""道",在"说"中展现我们对世界的"真知灼见",展示我们认识、理解、切入世界的程度,展现我们生存的知性品质。"说"的意义涵括了我们生存的伦理层面、审美层面、智慧层面。我们"说""道"的同时,也在诉说我们自身,在"说""我","说"的丰富性直接孕育、彰显着人生的丰富性。我们不断地"说",以不同方式"说",我们"述说""诉说""言说""道说""演说""评说""论说""辩论""讨论""谈话""对话",……各种各样的"说"丰富着我们的人生,丰富着我们的世界。

如果说动物也有某种表达的方式,人的言说与动物的表达方式的根本区别乃在于人的言说是无限开放的,向着时间与空间,向着整个世界,物质的、精神的、有形的、无形的、社会的、文化的、心理的、外在的、内在的、他者的、自我的世界,而动物的表达方式则是有限封闭的,限于其本能之中。在此意义上,人不仅"是一种对自己的存在不断进行自我认识、自我探究的存在物"①,而且是一种对自己的存在不断进行自我言说、自我表达的存在物。

---

① 夏甄陶:《人是什么》,商务印书馆 2000 年版,第 1 页。

二、人的教育是"说"的教育

教育即育人。由于人与"说"的本质性关联,教育亦与"说"本质性地相关联。育人即意味着培育"会说话"的人,能"说"会"道"的人,让人在"言说"中接近真理,敞亮自我,把握人生的真谛。"你""说","我""说","师""说","生""说",以各种方式,比如谈话、讨论、辩论、演讲、提问、答问来"说",让每个人都参与"说"之中;在时间中"说",在空间中"说";在"说"中"听",在"说"中"思";"听""思""说"世界、人生、社会,在"听""思""说"中理解世界、人生、社会,在"说"中实现相互理解、沟通,获致共同的意义。充满了"说"的教育,是"活"的教育。

"说"的教育必然是整体的、完整的教育,不仅关注人的内在的完善,更关注人的现实的交往、沟通,使人的身心内外和谐一致,积极参与一定的社会共同体之中。

"说话"意味着参与、倾听、思索、表达、沟通、分享,"说"的教育乃是"你""我"共同参与、共同建构、共同分享的教育,意味着"你""我"的思想共振、情绪互染、心灵相契、意义共有,"说"的教育乃是活生生的交往的教育。

"说"的教育乃是真正的作为主体的人的主体性凸显的教育。"不愤不启,不悱不发",启发就是把对方"心求通而未通""口欲言而未言"的东西"说"出来,真正的启发只有在"说"的教育中才有可能。

参与"说话"之中,每个人都有所"听",有所"思",有所"说"。"说"的教育,不满足、局限、停滞于经典、权威,也不以经典、权威自居,"说"的教育乃是开放的,向着真理、向着无限、向着世界开放。

三、"说"作为古典教育的基本存在样式

古典时代的教育充满了"说",或者说,其主导成分就是"说"的教育。苏格拉底的"精神助产术"就是一种引导"说话"的艺术,他不直接向学生传授各种具体知识,而是通过问答、交谈、讨论、辩论的方法,把存在于每个人心灵中的真理引导出来。"苏格拉底认为'辩证'这个词,本来就是人们聚在一起讨论问题,相互对话,并把问题分门别类加以辨析的一种活动。这是一种艺术。每个人都应当下决心掌握这种艺术,因为一个人凭着它的帮助就可成为最有才干和见解最深刻的人。"① 而这正是教育的目的。中国先秦的孔子"述而不作",以生动活泼的对话育得"弟子盖三千焉,身通六艺者七十有二人",启发诱导,"教学相长",给后人留下了"说"的教育典范。

"说"的教育在古典时代何以可能?主要的原因乃是,刚刚步入启蒙中的人类,知识背景简单,一切事物尚处于将命名、待定义、未确定的阶段,一切都在"谈论"之中,人们的思维方式缺少拘束,更生动形象,理性与感性并存,正如维柯所言:"在世界的童年时期,人们按本性就是些崇高的诗人。"② 正因为如此,人们才可以"自由自在""生动活泼"地"言说",这在柏拉图(苏格拉底)的对话中可以充分表现出来。"随着亚里士多德用枯燥的、学究气十足的散文(书面论)取代了早期哲学家诗意的语言,取代了柏拉图的生动活泼的对话体,哲学成了可读的,不是可说的了,人们注意的是语言骨骼,而不是它的血肉了。在亚里士多德那里,逻各斯失去了它丰富的暗示性含义,变成了

---

① 王天一主编:《外国教育史》(上),北京师范大学出版社 1984 年版,第 41 页。

② 维柯:《新科学》,朱光潜译,人民文学出版社 1987 年版,第 98 页。

干巴巴的'定义'和'公式'的意义。"① 与此同时，随着亚里士多德分门别类的知识体系的建构和日趋完善，"述而不作"的时代结束；逻辑严谨的文本铺天盖地而来，认知领域的知识化程度越来越高，可自由"说话"的余地越来越小，"说"的教育日渐转换成"读"的教育，主动的"说"越来越多地变成了被动的"读"。

近现代以来，随着科学文化知识的日渐完善，教育内容日益规范化、规模化、系统化，分量也日益扩充，教育组织形式也趋规范化、严谨化，"说"的地位和意义下降，"说"的教育更多地成了读写算的教育、记诵的教育，成了各种机械训练结合的教育，"说"的教育中"说—听"关系结构的交往共同体的活泼形式，越来越多地成了个人化、个体化的活动（尽管许多学生在一起，但他们并不是时刻作为真实相关的共同体而直接成为教育活动的进程出现）。"说—听"相依相益的关系更多地成了"授—受"这一现代教育的基本关系结构。

四、中国教育传统中的"说"

中国的问题也许更复杂、更突出。以"说"的形式开创中国教育先河的孔子在其思想中却并不重视"说"。作为奠定中国几千年伦理文化基础的孔子，强调的乃是修己之学，利于修己则取之，不利则去之。他实际强调的正是"省""悟""内得于己"，"说"并没有纳于其"修己"的基本途径之中，反强调"君子耻其言而过其行""敏于事而讷于言"，"说"的意义始终没有在其视野中凸显。人要"言"，怎么办？"不学诗，无以言"，"言说"之先，得接受"诗"的教化，"诗三百，一言以蔽之，曰：思无邪"，"诗"的教化的意义，就是"无邪"地"思"，"说"也必然要体现"思无邪"的尺规。显然，孔子眼中的

① 邓晓芒：《思辨的张力》，湖南教育出版社1992年版，第31页。

"说"，所看重的乃是"伦理"地"说"，"合伦理"地"说"。孔子以降的伦理思想家们都推崇言行一致，言行合一作为德性的基本要求当然是积极合理的。但"言"与"行"的关系是复杂的。"言说"与"行动"并不是一种对立的关系，"说"的过程就是一种行动，一种（需要）智慧的行动；另一方面，"言说"就有相对独立性，在德性要求之外，"言说"即使不涉及行动，也有其价值与意义。过分地、无条件地强调言行合一，其结果可能是对"言"的压制和侵夺。

老子讲"道"，"道可道，非常道"。他看到了问题的一面。人们"道"出来的"道"，总不是那"大道"，必然会偏离"大道"，他提出"大道不言"，"美言不信，信言不美"，强调"少言"，或者"不言"，所谓"大智若愚"。问题的另一面是，作为人，无法"道出"那"大道"，但我们是否就应该放弃去"道说"，是否还能换一种态势，即以我们不竭地"道说"去接近那"大道"？"言"与"道""智"中有不和谐的一面，过分强调这一点，必然导致对"言"与"道""智"和谐相关一面的遗弃。西方的智慧正在于此，"在希腊人心目中，真正的'智慧'只有'神'才有，人不能全知全能，而只能'爱'（'不断''追求'）这种绝对的境界"。① 面对不可说的"道"（"逻各斯"），西方智慧的基本精神是"进"而"取"之，而老子的基本态度是"退"而"守"之。尽管儒家也强调"知其不可为而为之"，但这更多的是指涉一种德性上的积极进取，而不是智慧上的积极开拓，并没有跳出"伦理地说"的范畴。

如果说孔子、老子奠定了中国文化几千年对待"说"的基本态度，那么自董仲舒以来的封建伦常教化模式和隋朝以降的科举教育体制，则在制度、体制层面僵化、压制了"说"的教育，"四书""五经"在教育中的经典性及对经典性的不断巩固（比如朱熹），读书人的"听"

---

① 叶秀山：《思·史·诗》，人民出版社 1988 年版，第 67 页。

"说"被牢牢地钳制在经典、权威之中，"说"的只是圣人的"话"，经典中的"话"，而不是自己的"话"，自己即便有"话"也不能"说"，不敢"说"，"说"的教育完全成了"记诵""注疏"的教育。西方社会，除了中世纪的圣经，并没有涵括全部教育的一贯的经典。赫拉克利特就曾提出，"不要听我的，而要听道"（D50），而亚里士多德"吾爱吾师，吾更爱真理"的名言更是众所周知。而中国，所强调的却正是"听""圣人之言"，"听"权威、经典，"听""礼"，"非礼勿听"，"非礼勿言"，封建教化模式和皇权体制牢牢地压制了人们追求真理的勇气，活生生的开放的"说"的教育完全变成了死气沉沉的封闭的"应"科举之"试"的教育。

文言与白话的分离，"说"与"写"的分离，文人的"言"的世界与日常生活的"言"的世界的隔离，使日常言说的意义仅仅停留在日常生活层面而难以深入社会文化的深层建构之中，书面语言也成了少数人的专利，无法深入日常生活从而拓宽大多数人的"说话"的空间，这样，"说"的范围、层次、意义便极大地受到了限制。

五、"说"的教育如何可能

以上问题或多或少，依然存留在我们今天的教育现实中。随着中国教育的现代化、规范化、规模化、科学化和基于中国国情的教育竞争的客观存在，教育中大量充斥的是各种繁杂的训练，"说"的教育完全降格为与读、写、算相提并论的一种技能，甚至在很大程度上还排在它们的后面，"说"之于个体人生，之于教育的本真意义被遮蔽，人们早已忘记了教育原本就是"说"的。

当然，今天的知识背景和社会要求已完全变化，在拥有越来越多的"说话"的空间的同时，由于知识的规范化、精确化，我们能自己"说话"的余地却越来越少。尽管如此，只要我们是人，我们就不应忘记

"说话"之于人生的本质性意义，从容地面对世界，去"听""思""说"，这是我们做人的基本标准和基本权利，是我们基本的生存方式。

当今，教育应积极培植人的主体性已成为共识，人的主体性在现实生活中的基本表现形式是什么？"说话"，用自己的心灵去"听"，去"思"，去"说"，敢于"说"，善于"说"，乐于"说"，会"说"，能"说"，在"听"中"说"，在"思"中"说"，在"说"中展现自我人格，充实自我人格，完善自我人格。我们的教育应更多地创造"说"的机会，尊重"说"的权利，培植"说"的勇气，锻炼"说"的智慧，真正使学生成为"说"的主体，使他们的主体性在"言说"中展现出来。

就目前的教育而言，从"说"的视角来看，我们应强化以下几点：（1）扩展"说话"的方式，增加"说"的成分，让师生以多种方式广泛地参与"说"之中；（2）树立平等的师生观，使师生真正面对世界平等地"言说"，自由地"言说"；（3）培养学生敢于置疑问难，向经典权威挑战的勇气和智慧；（4）适当减少死记硬背的成分，更多地把时间花在引导学生"说"上，使死气沉沉的记诵的教育尽可能多地变成充满"说"的活生生的教育；（5）"说话的最完满的表现是对话"，"在对话中，存在着对真理的辩证的揭示"，[①] 加强教育教学中对话理论的研究，增进教育中对话的艺术，对深化当今教育教学改革有着重要的意义。

---

① 夏甄陶：《人是什么》，商务印书馆 2000 年版，第 1 页。

第十五章

对话：一种道德教育的理念

  对话性道德教育强调个体德性的自主生成，凸显个体的价值与尊严，倡导道德的共识的同时也力主道德的宽容。

  我们提出对话性的道德教育，所关切的实际上并不只是作为道德教育的一种策略与方式方法，更重要的是，它关切我们对待学生、对待每个人（包括教育者自身）、对待个体德性生成、对待道德教育本身的态度，关切我们切身教育实践的基本状态。

  对话本身，就是一种实践的哲学。

对话是指两个或两个以上的人的谈话、交往意见，"是同意或反对关系，肯定或补充关系，问和答的关系"①。对话的基本形式是说话者与对话者之间的言语相互作用形式，是直接的、可见的"说—听"关系的建构，这是一种显性对话，还有隐性对话，即读者与文本的对话，甚至个体自身内心与意向中的他者的对话也是一种隐性对话。对话广泛地存在于人们的日常生活中，人的世界就是一个对话的世界。道德教育就是这个对话的世界之中的一种实践，道德教育与对话活动内在性相勾连。

一、对话性道德教育的理论旨趣

当代社会逐渐走向开放、多元，对话不仅越来越多地成了人们解决彼此差异、争端的方式，也越来越多地成了我们这个世界基本的生存理念之一。从巴赫金的对话主义，到伽达默尔、罗蒂的教化哲学，再到哈贝马斯的交往行动理论，对话都是他们基本的理论旨趣。对话性道德教育理念的提出正是基于对当代社会生存理念的关注和对相关理论旨趣的借鉴吸收。

1. **交往实践的观点**：人生活在世界中，总是生活在与他人的活生生的交往实践中，对话乃是个体的基本存在方式。个体道德律的形成来源于个体与他人的活生生的交往实践，来自个体与他者意识的对话。

---

① 董小英：《再登巴比伦塔》，三联书店 1994 年版，第 3 页。

人生活在世界之中，人不是作为孤立的个体生活着，而始终是生活在人与人的交往之中，"存在就意味着进行对话的交往。对话结束之时也就是一切结束之日。因此，对话实际上不可能，也不应该结束。……一切都是手段，对话才是目的。单一的声音什么也结束不了，什么也解决不了。两个声音才是生命的最低条件，生存的最低条件。"① 人的意识的发生、发展，美的灵魂、美好的人性正是发生在活生生的生命实践之中，发生在现实的人与人的交往、对话之中，没有现实的交往实践，没有人与人的对话分享，就没有充实而完整的精神生活，就不可能有人的道德性的充分发展。"思想并非一种主观的个人心理的产物，而'固定居住'在人脑中；不是这样，思想是超个人超主观的，它的生存领域不是个人的意识，而是不同意识之间的对话交际。思想是在两个或几个意识相遇的对话点上演出的生动的事件。……思想就其本质来说是对话性的……"②

人生活着，人就总是有意无意，或显或隐地寻求与他者的对话。"生活就其本质来说是对话性的。生活意味着参与对话：提问、聆听、应答、赞同等等。"③ 个体德性的生成、道德观念的积淀，并不是主观个人的产物固定在大脑之中，而始终是来自与外在世界的活泼交流，来自与实存的或意向中的、在场的或不在场的他者意识之间的对话。个体心中的道德律正是"通过主体间的对话方式建立起来"④。道德教化的过程正是教化双方主体间"听—说"关系不断建构的过程，是个体道

① 巴赫金：《诗学与访谈》，白春仁、顾亚铃译，河北教育出版社 1998 年版，第 340 页。

② 巴赫金：《诗学与访谈》，白春仁、顾亚铃译，河北教育出版社 1998 年版，第 114 页。

③ 巴赫金：《诗学与访谈》，白春仁、顾亚铃译，河北教育出版社 1998 年版，第 387 页。

④ 张世英：《哲学导论》，北京大学出版社 2002 年版，第 284 页。

德生活的对话性充分展开的过程，是对话中的个体对"具体'语境'的不断'适合'的过程"①。

2. **主体性的观点**：个体以主体的方式进入对话，个体的主体性通过对话展现出来，与此同时，个体又同时作为发展着的主体在对话中获得新的自我认识、自我建构，提升其主体性的存在。对话的过程就是个体生存质素得以显现的过程，显现个体生存的伦理品质、伦理牵涉，敞开个体的道德视界，从而显现个体德性生成的"道路"。

主体性蕴涵着独立性、自由自主性，个体在道德生活中的主体性意味着自我思考、自主选择、判断、行动，并且承担道德责任，对话就是人的主体性在社会交往中活生生的存在方式。"人是整个地以其全部生活参与到这一对话之中，包括眼睛、嘴巴、双手、心灵、精神、整个身体躯体、行为。他以整个身心投入话语之中……人作为一个完整的声音进入对话，他不仅以自己的思想，而且以自己的命运、自己全部个性参与对话。"② 个体的世界，个体的生命存在投入对话中，并通过对话展现出来，个体获得了对自身生命存在以及生命存在的世界的重新发现、认识。对话不是把一种确定的立场加于个体，而是个体去发现，对话意味着个体生命的沉浸、展示、发现，意味着"让……显现"，让个体生命的存在显现。道德教化中的对话就是让个体生命之中的伦理冲突、伦理脉络显现出来。这里的"发现"包含着双重内涵，一是发现自我与发现他人，发现自我与他人之间的伦理纠缠，对自我的发现包含着对他人的发现，同样，对他人的发现实际上就是对自身的发现；二是自我发现与他人发现，个体不仅在自我的话语中发现自己，也在他人的话语中发现自己。对话中的个体始终是作为自我沉浸、展示、发现、敞亮、疏明的主体。

---

① 陈华兴：《教化和教化哲学》，《复旦大学学报》1994 年第 6 期。

② 巴赫金：《诗学与访谈》，白春仁、顾亚铃译，河北教育出版社 1998 年版，第387 页。

"重要的不是主人公在世界中是什么，而首先是世界在主人公心目中是什么，他在自己心目中是什么。"① 重要的不是告诉个体在世界中是什么，而是让个体去发现世界，发现自我，发现自我与世界的伦理关涉。② 古希腊，说话和辩证法具有同一性，对话就是活生生的辩证法，就是真理的显现，个体道德生活中的"真理"通过对话而显现出来。对话性的道德教育意味着回到人的活生生的生活世界，回到真实的人的生活，回到真实的个体，就个体生活来显现生活中的伦理世界、伦理牵涉，敞开个体的道德视界，引导生活的提升，显现个体的德性生成之路。

3. **价值性观点**：人的价值与尊严的发现乃是现代性的基本成就。对话以人与人之间的独立性、价值平等、自主性为依据，对话就是人的价值与尊严的凸显的基本形式。

个体人格的独立性、生命的价值与尊严，乃是现代文明的基石，也是现代性道德教育的基本追求。"对话性是具有同等价值的不同意识之间相互作用的特殊形式。"对话总是意味着对话者作为独立而完整的个体投入对话过程之中，对话性首先意味着生命个体的同等价值，意味着教化者和被教化者之间作为生命个体的同等价值，意味着个体作为"具有充分价值的言论的载体，而不是默不作声的哑巴"，任凭教育者摆布，不只是教育者"语言讲述的对象"，③ 而是作为与教育者具有同等价值的对话的人，发出自己真的声音，在生命的叙述与倾听中实现自我人格的提升，对话性因之而成为个体生命之价值与尊严的现代性实践形态。

---

① 巴赫金：《诗学与访谈》，白春仁、顾亚铃译，河北教育出版社 1998 年版，第 61 页。

② 转引自董小英：《再登巴比伦塔》，三联书店 1994 年版，第 7 页。

③ 巴赫金：《陀思妥耶夫斯基诗学问题》，白春仁、顾亚铃译，三联书店 1988 年版，第 104 页。

　　理想的对话意味着个体的"独立性、内在的自由、未完成性和未定论性"，意味着对个体生命存在的多样性及其价值形式的多元性的尊重与认可，对教化者而言，受教化者并"不是'他'，也不是'我'，而是不折不扣的'你'，也就是他人另一个货真价实的'我'（'自在之你'）"，① 教化的结果不是要对方失去他的自我，而是要对方更好地成为他自己，实现他的自我，不是要取代、吞没他人的议论，而是充分"保留他人议论的独立性"，对话的过程因之而始终是个体价值与尊严的不断生成、充盈的过程。

二、对话性道德教育理念的基本内涵

　　对话性道德教育强调个体德性的自主生成，凸显个体的价值与尊严，倡导道德共识的同时也力主道德的宽容。我们提出对话性的道德教育，它所关切的实际上并不只是作为道德教育的一种策略与方式方法，更重要的是，它深深关切我们对待学生，对待每个人（包括教育者）、对待个体德性生成、对待道德教育本身的态度，关切我们切身教育实践的基本姿态。

　　1. 人是一种生成性的存在，不是纯然被规定的对象，个体德性的生成来自个体的生活实践，对话性的道德教育意味着就生活来显现生活，而不是纯然以预设的伦理规范灌输到个体的世界之中来规范个体的生活实践。

　　人不是纯然被规定的，人是生成性的。个体德性的生长生成来自个体真实的生活实践，来自生活实践中人与人的活生生的交往，而不是纯然充当先行预设的伦理规范的"传声筒"，"性日生则日成"，从而把德

---

　　①　巴赫金：《诗学与访谈》，白春仁、顾亚铃译，河北教育出版社1998年版，第83页。

性的生长生成置于个体真实的生活历程之中，深深地关切个体的日常生活实践，关注人的生活世界，在生活实践中，在活生生的交往实践中，在人与人的对话交流中，展现个体的伦理世界，展现个体复杂的伦理牵涉，让个体在自我发现与发现自我的过程中拓展其伦理的"视界"，启迪其道德思维、道德智慧和个体德性生成的自由自觉。

人在生活的世界之中。人在生活世界中学习、创造、收获，人在其生活世界中生成新的自我。道德教育意味着就其生活世界来显现生活世界的伦理牵涉及个体生活的价值可能性，敞开人的可能生活世界，显现个体德性生成的道路，从而引导个体"上路"，"上"德性自主生成之"路"。对话性道德教育模式拒绝强迫灌输，而指向个体德性的自主生成。

2. 对话性道德教育理念旨在凸显人的价值与尊严，尊重每个人的生命存在的价值平等性，使对话成为个体价值与尊严显现的基本形式，并且通过对话中的自我发现、自主建构，提升个体作为价值和尊严的存在。

尊重每个人的生命存在，尊重每个人的价值和尊严，对于一个尚付阙如的教化传统而言，乃是我们的道德教育模式现代化的关键。我们尊重每个人的存在并且倡导社会对每个人的尊重，尊重每个人存在的价值平等性，因此，我们选择问题解决的方式是对话，即建立在社会成员平等基础上的商谈，基于合作的共识，而不是基于少数人的天才设计和强迫灌输。也许对话并不能解决一切现成的道德问题，对话也不是解决现实道德问题的唯一方式，甚至不是最有效的方式，但它却是到目前为止人类社会最好的、最切合人性的方式，因为它意味着人独立、价值、尊严和生存基本权利的凸显，意味着每个人独立、价值、尊严、权利的凸显，意味着我们作为人不是纯然被规定、被决定、被改造、被驯服的客体、对象，而是自我生成的主体，是拥有同等价值与尊严的人。

对话性道德教育模式与其说旨在把每个人都培养成道德上的"圣人"，培养成道德高尚的人，不如说旨在把每个人都培养成深深关切自己的道德生活、美好生活的人，培养成个体德性生长生成的主体。对话不可能帮助我们实现人间纯美的道德世界，甚至可能还暗含着人世不可能成为纯美无瑕的道德世界，但对话就是一种道德的形式，就是人与人活生生的道德实践，就是个体德性的实践形态，甚至就是人"道德地"存在的基本方式。

3. 对话性的道德教育，不主张个体道德的先行一元规范设定和基于此规范设定的强迫灌输，但强调基于对话交流而积极达成健康社会所需要的道德共识，在关注社会的基本伦理秩序的同时，倡导道德的自主、宽容，拒斥道德的专断论。

在一个商业潮流滚滚而来、谈论道德被视为迂腐、利益关怀远大于道德关怀的时代里，在一个随着道德价值的相对主义走向而带来的道德虚无主义并不稀见的社会里，我们深深地关切道德之真，关切社会的伦理秩序，关切人们的道德共识的建构。我们关切道德之真，但我们决不认为道德的真理就在我们手中，我们握有解决人间道德问题的钥匙，我们可以堂而皇之地替他人设计美好的道德生活蓝图。但当我们承负着社会伦理价值的传输使命之时，我们就不能不唤起他人对美好生活的价值关切，并给每个人敞开接近优秀的伦理资源的可能空间，在那里，获得自身的价值陶冶。有了众人的关切意识，有了对话的"平台"，道德的共识就有了坚实的基础与可能。

三、对话性道德教育的基本原则

对话性道德教育立足于个体的价值平等，强调尊重个体的生活实际及其差异性，强调个体的自我表达、展示、发现、觉悟，视个体德性的生成为一场无止息的对话，从而把个体引上德性自主生成的道路。

1. 平等原则：价值平等是对话的前提与基础。唯有作为与教育者平等的个体，受教育者才可能作为独立而完整的人投入到对话过程之中，敞开个体的内在世界，与教育者积极交流。唯有切实认可并且尊重受教育者的同等价值，教育者才可能真正从内心接纳学生，才可能把学生看作"具有充分价值的言论的载体，而不是默不作声的哑巴"，不只是教化者"语言讲述的对象"，从而尊重他们的声音，并且乐于倾听，寻求相互理解，而不是诉诸权威，动辄灌输，或者以训斥代之。唯有对自我与他人同等价值的确认，我们才可能在教化性对话中尊重自我，也尊重对方，尊重每个人话语的权利和人格尊严，才可能有说者与听者之间真诚的言说—倾听，才可能有个体生命存在及其感受在对话中的充分展示与发现。

2. 差异原则：对话性是基于不同意识之间的对话，这意味着我们应当承认个体道德意识的差异性，并且尊重这种差异，尊重每一个个体就意味着要尊重个体道德意识的差异性。对话就意味着差异、对立和冲突，意味着多元、多样，意味着"生活的多样性和人类情感的多层次性"①，意味着"求同"而"存异"，对"异"的尊重乃是求"同"的前提与基础。一种只允许一种道德观点、一种道德价值、一种道德声音的教化生活乃是没有生气的，充斥其中的只有灌输强迫和道德威权无处不在的渗透，听不到弱势个体生命的卑微述说。正是基于对差异性的正视，才会有积极的合作交流，有相互的倾听与述说，倾听个体生命的道德意愿和伦理叙事，理解个体道德境遇的复杂性、独特性，在敞开的伦理视域中追求道德视界的融合和道德共识的实现，而不是简单地用一种声音去取代大家的声音，用一种议论来"吞没他人议论"，② 用一种价

---

① 巴赫金：《陀思妥耶夫斯基诗学问题》，白春仁、顾亚铃译，三联书店 1988 年版，第 29 页。

② 巴赫金：《陀思妥耶夫斯基诗学问题》，白春仁、顾亚铃译，三联书店 1988 年版，第 104 页。

值来规范众人的声音，这样，道德的共识、伦理的共契才会实实在在地发生在个体的生命世界之中。正因为如此，有人提出对话的关键是：（1）尊重彼此的观点；（2）尊重彼此的传统习俗或"经历"；（3）言论、信仰和行动的自由；（4）共同决定对话的形式；（5）关心具体的生活经验；（6）通过具体行动（实践）验证。①

3. 个体原则：对话意味着对话的双方作为"我"的言说，"我"说，并且说"我"，这种言说乃是切己性的，深深关切个体的生命存在。"唯有承认我从自己唯一的位置出发而独一无二地参与存在，才能有产生行为的真正中心。"②"我以唯一而不可重复的方式参与存在，我在唯一的存在中占据着唯一的、不可重复的、不可替代的、他人无法进入的位置。"③"我"是依凭"我"的独一无二的存在参与对话之中，"我"独一无二的存在构成"我"言说的基础，由"我"出发的个体性话语就是从个体生存状态出发，并使"我"的存在的伦理关切得以显现的话语。对话的基础乃是个体生命在世界中的存在与感知，是个体生活的真实世界。对话总是意味着道德教育活动中的个体有"话"可说，有关涉个体生命之中的伦理纠缠的话语，个体的话语来自个体对自我生命之中的真实伦理感受，来自个人对自我伦理关涉细致入微的把握，来自个体对自我及其遭遇的世界的发现。"他们每个人都带着自己的'真理'，自己的生活立场。"④唯其如此，对话才可能成为完整个体之间的真诚交流。

---

① 克里夫·贝克：《学会过美好生活》，詹万生等译，中央编译出版社1997年版，第232页。

② 巴赫金：《论行为哲学》，《巴赫金全集》第1卷，河北教育出版社1998年版，第44页。

③ 巴赫金：《论行为哲学》，《巴赫金全集》第1卷，河北教育出版社1998年版，第44页。

④ 巴赫金：《诗学与访谈》，白春仁、顾亚铃译，河北教育出版社1998年版，第99页。

4. 开放原则：真正的对话乃是一个过程，永无止息，没有终点，没有最后的结论。这意味着真正的对话必然认可个体生命的未完成性，而不是简单地给个体下结论、贴标签。事关个体德性的教化乃是一条"路"，教化的过程乃是"上路"，德性生成的个体"在路上"。"只要人活着，他生活的意义就在于他还没有完成，还没有说出自己最终的见解。……人不是据之进行精确计算的有限数、固定数；人是自由的，因之能够打破任何强加于他的规律。"① 对话的目的是为了敞开自我、沟通他人、相互理解、相互提升，在对话中并且通过对话，对话者获得对自我的重新发现和认识，使自身的某些方面得到改变，某种片面性得以克服，从而使个体的生存状态和思想观点不断丰富、拓展、改善，这必然要求对话者承认个体生命的未完成性。"一个把自己的生存看成最完美无缺的生存、把自己的思想看成终极真理的个人和群体，必定会拒绝对话、拒绝对自己的生存和思想作出任何细微的改变。"② 正因为未完成性的认可，个体生命存在才能满怀不断提升、完善自我的愿望，才有希冀和未来，才能满怀激情和兴趣地去生活、体验、创造，个体德性的生成才能成为一场没有止息的活泼对话。

四、对话性道德教育的基本策略

对话性的道德教育渗透在个体日常生活的方方面面，渗透在整体教育情景之中。对于有着深远的以单向传输为典型特征的独白性教化传统的我们而言，积极营造自由的交流情景，鼓励学生的自我表达、宽容的价值理念、开放的话语模式，乃是走向对话性道德教育模式的关键。

---

① 巴赫金：《诗学与访谈》，白春仁、顾亚铃译，河北教育出版社 1998 年版，第77 页。

② 张开焱：《开放人格——巴赫金》，长江文艺出版社 2000 年版，第 120 页。

1. 营造自由的交流情景：利用多种手段，消解由文化传统、教师权威、人格依附等多种因素造成的师生沟通的距离、障碍，彼此接纳对方，使学生能够平等地与教师交流，而且乐于与教师沟通，能充分进入师生对话的情景之中。正如伽达默尔所言，"每次真正的谈话都表现为一个人向另一个敞开自己，真正认为对方的观点值得考虑并且深入另一个人的内心。""一次涉及根本问题的谈话永远不是我们想要进行的谈话。……而是卷入谈话之中。"[①] 营造自由和谐的谈话情景，使学生进入对话之中，这是对话性道德教育模式的起点。

2. 鼓励学生的自我表达：传统独白性道德教育模式中，学生个体更多的是充当"听话者"的角色，作为被规训者，作为教育者"语言讲述的对象"，学生没有表达自我道德感受和意愿的机会和意识。对话性道德教育立足于师生个体的道德境遇，立足于师生相互的"叙述—倾听"，学生在对话过程中有充分表达、展现自我道德生活境遇、道德意愿的权利，道德教育的过程正是对学生自我表达的引导与激励，从而在学生的自我表达与发现中实现对学生道德意识的引导与提升，实现个体"心灵的转向"（柏拉图）。

3. 培养学生的质询意识：独白性的道德教育，由于预设的一元道德价值的唯一正确性和权威性，不存在学生质疑的余地，也不容许学生的置疑问难，学生只能是先行设定的伦理规范的接受者。对话性道德教育强调，个体道德认识之真是基于对话的共识，而不是先行设定，所以它强调师生的商谈，鼓励学生的质询，从自我生活世界的背景出发去思考道德生活的为什么、怎么样，在质询中展现学生生活世界的伦理状况，拓展学生的道德视界，提升学生的道德觉悟。

4. 建构开放的话语模式：独白性教化的典型话语模式是"X 说 P，所以是 P"[②]。孔子说"P"，所以是"P"；权威人士说"P"，所以是

---

① 引自陈华兴：《教化和教化哲学》，《复旦大学学报》1994 年第 6 期。

② 参考近藤直子：《有狼的风景——读八十年代中国文学》，廖金球译，人民文学出版社 2001 年版，第 54 页。

"P"；教师说"P"，所以是"P"。"在任何情况下，X 代表的都不是说话人自己，而是高居于听话人之上的某种强势话语、绝对话语。"① X 说 P，就是 P，没有 P1、P2、P3……没有个体应答、质疑、选择、表述自我的空间，个体只能作为被动接受、认同、贯彻的客体，无从言说，也无话可说。对话性道德教育模式就是要告诉学生，"X"说"P"，但可能还有"P1""P2""P3"……对于实际生活中的个体而言，可能是"P"最好，但也可能是"P1""P2""P3"……更重要的是不管是"P"最好，还是"P1""P2""P3"……都是学生个体自主选择的结果，是源自学生个体的道德理性的自觉。

此外，建立开放的道德教育课程体系，给学生提供具备深厚伦理精神陶冶价值的优秀教化文本，同时又不垄断文本之伦理意义的解释权，给个体提供开阔的伦理资源和开放的话语空间，让他们道德精神的触角得以充分延展，能积极感受个体生活世界的伦理关涉，为个体德性的生活提供切实的依据。

---

① 沙水：《来自异域的毒眼》，《读书》2001 年第 12 期。

结　语

教育如何走向哲学

在柏拉图看来，教育的最高形式是哲学。教育走向哲学形态，意味着教育的基本目标乃是人的完成，教育逐步把个体引向人生"最重要的事情"的关注，让个体面对世界大全，在对人生最高知识追求的过程中获得人性的整合。教育走向哲学是一个过程，不同教育阶段有不同任务。不同阶段的教育，不同学科的教育，都以指向人的完成为基本要旨。

教育走向生活，并不是要降低教育的品格。教育在立足生活形式的同时，还要超越生活之上，教育必须追求更高的目的。教育走向哲学，所关切的问题就是，一种审慎的、富于省察的教育如何可能。

一、教育与人的卓越

自 20 世纪 90 年代中期以来，对教育与生活关系的探讨，以及教育向生活世界回归的呼声成了近十年来教育的重要甚至是最重要的理念之一。"'生活世界'话语作为中国当前教育学理论探讨中一个重要的价值取向，已经在教育理论及实践中导致了一系列的变革，将建立在主—客二分基础上传统的师生之间认知关系转变为以理解与对话为基础的交往关系。这一转换直接带来了中小学日常教育活动的新面貌，如我—你式温馨评语的兴起与推广。这是对马克思主义实践理论的深化和创造性转换。"① 探寻教育向生活世界回归，直接针对我国教育对人的生活实际的脱离，从而使得日常教育实践成了个人为了顺应现实教育体制不得不接受的苦役。强调教育面对生活，走向生活，正是为了教育要把人当人看，以更合乎人性的方式去走进学生的生活世界和心灵世界，从而使得学生从纯然被动的接受中摆脱出来，让学生个体的主体性充分发挥有了可能。教育回归生活，其本意并不是把教育与日常生活等同起来，那无疑是对教育的消解，而是要立足个体生活，去引导个体生活，以属人的方式去引导人性的全面发展和自由自主提升。教育不但不能等同生活，恰恰教育还必须超越生活，提升生活。当回归生活成为一种不假思

① 谭斌：《论教育学中关于"生活世界"的话语》，《南京师范大学学报》（社会科学版）2001 年第 1 期。

索的口号，很可能导致教育的视界过多地停留在可见的现象视界之中，缩减了人生超越的可能性维度，导致个体人格的平庸与萎缩。

阿伦特在《人的条件》一书中，她"建议把它解释为人的三种基本的活动：劳动、工作和行动。之所以说这三种活动是基本的是因为它们分别对应于拥有生命的世人的三种基本境况"①。按照阿伦特的说法，劳动是为了满足人的生理需要而必须付出的努力，由于人的生命过程是一个不断新陈代谢的自然过程，其需要不可能一次性就完全满足，而是会不断重复，所以也必须不断进行重复性的活动，以满足这种不断袭来的需要。工作是制造、制作东西，工作包含了技能、技艺在内，制作出来的东西和劳动产品的不同在于，它们免于被尽快地消费掉，因而具有一种持存性，在时间上更为悠久，从而将一种稳定性和客观性带到人们的生活中来。行动是在与他人的交往中自我展现，行动总是以他人的在场为前提。行动与行为不同，人们据以判断行为的标准是动机与效果，而对行动的评价标准是卓越、伟大、非凡。"行动的本质就是突破平凡达到非凡"②。在阿伦特看来，在人的生活形式之中，满足人的生理需要的劳动乃是最低层次的形式，其次是工作；唯有行动才是可以与沉思与媲美的人的生存之最高样式，因为唯有在行动中，人才以追求卓越作为基本目标。阿伦特之所以不厌其烦地区分劳动、工作和行动，是因为她敏锐地看到了现代人把满足日常生活紧迫性需要的劳动、工作与谋求人性卓越的行动等同起来，导致人性的猥琐与现代生活的均一化、平庸化，从而倡导人积极走进公共领域，去追求人性的卓越。

在阿伦特之前，尼采在《查拉图斯特拉如是说》中反复提出，"人是应该被超越的"，他同样是看到了可能面临的虚无而呼唤人性的超越。深受尼采影响的鲁迅在 20 世纪初就提出"掊物质而张灵明，任个

---

① 阿伦特：《人的条件》，竺乾威译，上海人民出版社 1999 年版，第 7 页。
② 阿伦特：《人的条件》，竺乾威译，上海人民出版社 1999 年版，第 205 页。

人而排众数"① 的价值主张，同样是为了对抗人性的平庸化。置身现代社会之中，我们在充分地享受现代化带来的福利和便捷的同时，也可能陷入人性的迷失。

置身现代境遇之中的教育该如何应对？教育必须关照人性的卓越！教育在走向现代化的同时，同样面临技术化、平面化的倾向，教育必须对抗自身的平庸。教育凭借对人性卓越的追求而走出平庸和软弱无力。

二、教育走向哲学

苏格拉底曾言，"未经审问明辨的生活是不值得一过的"。人是一种不断探问自身如何可能的存在，人的存在是一种可能性，人给出自身的可能存在。人恒久地面临着应该如何生活的问题。苏格拉底有言，"认识自己无知"。苏格拉底是在警示我们，对于"一个人应该如何生活的问题"，其实我们是无知的，"对于一些最重要的事情是无知的"。② 一个人应当如何生活的问题不是"一个"问题，而是人生一切问题的中心，是超越于其他一切问题之上的问题。关于一个人应当如何生活的知识不是一般的知识，而是最高的知识。正如柏拉图所论，教育的最高形式是哲学；哲学是对智慧或对于最重要的、最高的或最整全的事物的知识的追求；这种知识，按他的说法，就是德性和幸福。③ 教育成为一种哲学式的努力，正在于不断开启个体人生通向德性和幸福的心灵窗口，正是凭借对人生最高智慧、对德性与幸福的本源性追求、对整全的追求，教育才是哲学的。教育走向哲学，其重要内涵之一就是把人引向

---

① 鲁迅：《文化偏至论·坟》，《鲁迅杂文集》，浙江人民出版社 2002 年版，第 37 页。

② 萌萌主编：《启示与理性——从苏格拉底、尼采到施特劳斯》，中国社会科学出版社 2001 年版，第 89、90 页。

③ 参见列奥·施特劳斯：《什么是自由教育?》，一行译，《东方》2003 年第 3 期。

对人生所周遭"最重要的事情"的关切，引向对日常生活的超越，进而去追求人性的优良与卓越。

哲学原本就是一种生活方式，作为一种生活方式的哲学，它表现为"对整体知识的追求，它是不断的问题，而不是问题的解决"。[①] 教育与个体生活方式同样不可分割，当教育把一定的知识体系与情感态度模式传于个体，并教导个体对自我与世界的认识方式、情感、态度和价值观时，总是内含着某种生存方式的指向。归根究底，一种教育同样意味着一种生活的样式，教育就是对个体生存方式的形塑。当教育走向哲学，即意味着教育不断敞开个人的无知之域，引导人生向无限的知识开放，去追求人生整全的知识。也许对个人而言，整全的知识穷其一生也难窥一角端倪，但正是在对人生整全知识的追求中，个体人生进入一种不断求知的状态之中。人是一种开放性的存在，成人乃是个体一生的事业。当思索什么是人生"最重要的事情"，何谓"美好生活"，成为个人一生的志业，并把这种思索融入个人的生命实践之中，我们就实践了苏格拉底所言的"知识即美德"的古训。正是在此意义上，在个体对于人生整全知识的探寻与实践的意义上，个体拥有何种程度的知识即拥有何种意义上的人生品质。

人降生到世上，原本就同动物没有本质的区别，当人一步步在属人的环境之中长大，进入与他人的共在，进入历史和文化之中，个体就逐步超越了混同于动物存在的命运，而把自我融入人类之中，上升到族群的、类的存在。当教育一步步把个体引入历史与文化之中，接受人类、民族既有文化精神的陶冶，在此过程中"体验与理解人类共同的精神理想，提升个人的精神品质，培养优秀和卓越的人格"，[②] 形成博爱、平等、尊重、公正、合作等精神情怀，使个人上升到历史，进入与他

① 萌萌主编：《启示与理性——从苏格拉底、尼采到施特劳斯》，中国社会科学出版社 2001 年版，第 89、90 页。

② 金生鈜：《规训与教化》，教育科学出版社 2004 年版，第 362—363 页。

人、与民族国家、与人类的共在，在内心中见证个人与社会紧密相连的福祉，"心灵从朦胧的黎明转到真正的大白天"，① 上升到哲学的实在。教育的最终目的并不是把人培养成单个的原子似的个体，而是把人引向与他人、民族国家和世界的共在，在更高的层面发育人的奉献意识，把个人的命运与他人、民族国家与世界统一起来，增进个体生命的内涵，充盈人生的目的。在此意义上，教育正是在引导人去辨别人生和世界之中的善恶，提高明辨善恶的能力，甄定人生的目的，如柏拉图所言，"迫使最好的灵魂达到最高的知识，看见善，并且上升到那个高度"②，教育也因此而走向哲学之境。

　　生存于现实之中，每个人或多或少都可能是他所处环境的奴隶，教育的基本功能就是一步步将人从愚昧、无知、偏见、粗俗和各种情欲中解放出来，从而能够自由地思想、自由地行使自己的意志与判断能力，有趣味地、有价值地生活。教育走向哲学的过程，正是一步步引导人自由地追求知识与真理，面对人生与世界的基本问题，使人获得整全的知识，而不是纯然专门知识的训练，从而让人不把自身局限在一隅之地，而是不断地"激励人们改变自己，让自己变得更卓越"，追求人的潜能在更高层次上的全面自由发展，使自己通过既成人类文化精神的习得来丰富个人的思想情感，锻炼个人的能力，学会用自己的头脑和心灵来对人生周遭的人与事作出独立的思考与判断，使自身变成有着独特而丰盈的人性趣味、把个人生活建立在个人理智和情感之上的自由之人，而不是"教育每个人固守自己的监牢，沉溺于封闭的心灵"，③ 成为供人随

---

　　① 柏拉图：《理想国》，郭斌和、张竹明译，商务印书馆 1996 年版，第 279、282 页。

　　② 柏拉图：《理想国》，郭斌和、张竹明译，商务印书馆 1996 年版，第 279、282 页。

　　③ 李猛：《大学的使命：公民科学与自由教育》，参见杨东平主编：《大学之道》，文汇出版社 2003 年版。

意役使的工具，成为纯然的"器"。教育走向哲学，并不是让人远离尘嚣，成为纯粹的理念人，而是引导人在求知的过程中不断开放自我，使人生得以立足现实而又不局限于现实之境，能超越现实，脚踏实地而又能仰望星空，使人性焕发出诗意的光辉，使人生得以"诗意地栖居于大地之上"。

三、教育的阶段性

柏拉图提出，六岁开始，儿童教育的重点是阅读、书写、音乐、体育，任务是进行情感的教育；十七岁时进行军事教育，任务是培养人的意志；二十到三十岁，属于发展智慧的阶段，主要学习算术、几何、天文、音乐理论，外加哲学，旨在引导人成为哲学家，把握可知世界的最高真实。亚里士多德也承继并发展了柏拉图的教育思想，认为人包括躯体和灵魂两部分，灵魂包含非理性与理性。按人的成长进程，先是躯体，然后是非理性灵魂，最后才是理性灵魂。合理的教育，应遵循人的自然行程，先是体格教育，使其有健康的体魄，这主要是出生到七岁学龄前幼儿教育阶段；然后以情欲情感的训练为主，养成其良好的习惯，发展非理性灵魂，这是七到十四岁，属于初级学校教育阶段；最后才发达他们的理智，使其能过好闲暇的生活，从事于沉思，专心于学问，这是十四到二十一岁，属于高年级阶段，在这一阶段，亚里士多德注重纯粹（思辨）科学和哲学的探索。

从柏拉图到亚里士多德，都把人的完成、人性的卓越与完满，看成是一个过程，从身体情感的发展逐步到理性精神的练习与完善，教育由表及里，由浅入深，呈现出鲜明的阶段性，不同的阶段有不同的任务。与此同时，教育又具有整体性，不同阶段的教育连接起来构成一个有机的整体。作为整体的教育，其目标就是个体人生的完成，即实现个体人生的整全，追求个体人生的最高形式的存在，引导个体人性臻于完善。

教育正是在引导个体人性臻于完善的过程中逐步走向哲学，走向教育存在的最高形态。

教育的第一阶段，个人与世界主要建立的是情感的联系，个人与世界相亲熟，让个人依寓其中，这是初等教育阶段，也就是我们今天的幼儿和小学教育阶段；教育的第二阶段，个人与世界主要建立的是理智的关系，个人开始一步步认识世界，建构人与世界的理智图景，逐步深化个人与世界的关涉，这是中等教育阶段，或者说中学教育阶段；教育的第三阶段，个人与世界开始逐步进入精神的关涉阶段，个体心灵与世界对话，在对人与世界整全关系的认识与实践的过程中，实现人性的整全与完满，这是高等教育阶段，或曰大学教育阶段。

从个体心智发展而言之，小学阶段侧重于培养人的想象力，在想象中拉近儿童与周遭世界的关系；中学阶段侧重于思维能力和思考习惯的养成，在具体的或用柏拉图所言的可见的世界之中全面启发个人的思维能力；大学教育阶段侧重在培养人的探究意识与探究事物本原的能力，引导个人能从具象世界中超越出来，能进入形上世界，格物致知，穷究物理，在有限与无限、具象与抽象、经验与超验之间保持思维的张力，逐渐获致宇宙大全的认识，直面人生与世界的基本问题。

从个人与世界关系而言之，小学教育阶段的主要任务是引导个人在情感上亲近世界，让世界与个人相亲熟，有依恋感，从而奠定个人与世界全面联系的情感基础；中学教育阶段的主要任务是全面启发个人求知的兴趣、培养学习的习惯，使个人在理智上亲近世界，世界的奥秘慢慢展开于个人的视界，让个人在理智的引导下一步步走进世界之中；大学教育阶段的主要任务乃是全面拓展个人的思维空间，提升思维的品质，让世界初步走进个人的心灵之中，引导个体在内心上接纳世界、包容世界，逐步趋向个人与世界大全的合一。

这样，小学阶段的主要任务主要就是锻炼人的身体，化育人的情感，把个人的身体与心灵引向和谐发展的轨道，培养个人对他人和世界的美好的情感基础；中学阶段的教育任务是在承续小学阶段的基本任务的基础上，逐步转向去训练人的理智，拓展个人认识世界、走向世界所需的知识视野，逐步建立个人与世界丰富多样的理智联系；大学阶段的主要任务则是在前面两个阶段个体身心和谐发展的基础上，全面提升个体的理智，发达人的理性，把个体引向整全，引向人生与世界的重大而基本的问题，全面孕育个人对待人生、世界与真理的基本态度。什么是大学？大学就是致力于"追求最高的知识"。对于个人而言，大学就是"整全"，就是人生的完成，就是把人培养成独立、自主的自由人，融于历史、文化之中，立于天地之间，面对个人与社会、有限与无限，能担负起"公民与人的张力"，"可能与现实、超越与审慎的张力"。① 初等、中等教育乃是大学教育的基础，大学教育是对初等、中等教育的全面提升。

如果说教育的初级阶段就是让个体学会用肉身的眼睛观看可见世界，与世界建立情感与理智的关联，教育的高级阶段则是逐渐引导个体用心灵之眼来观看世界，与世界建立精神的关涉。教育的过程，就是一个不断敞开心灵之门扉的过程。从小学到大学，由表而内，教育逐步深入人心，形成个人内心对自我、他人与世界的基本信念，教育一步步走向哲学之境。从初等教育到大学教育，是一个完整教育整体的不同部分、不同阶段，阶段不同但都有一个主导性目标，那就是人的完成。不同阶段既有共通的主旨，又有明显的不同任务，有机而和谐地引导着个体人生的逐步展开。明确不同阶段教育的任务，而非本末倒置，这是教育中一个极为重要的问题。教育走向哲学是一个过程，是一个由隐而显的过程，在中小学教育中也可能渗透着这样一种走向，但总体而言，中小学阶段这种走向是模糊的、不自觉的，到大

---

① 李猛：《大学的使命：公民科学与自由教育》，参见杨东平主编：《大学之道》，文汇出版社 2003 年版。

学阶段，则是自觉的、显而易见的，因此而成为大学教育的基本状态，或曰常态。

四、化知识为德性

亚里士多德将古希腊教育内容概括为"七艺"，包括文法、修辞、辩证法、算术、几何、天文、音乐。古典人文学科把有关自然科学和社会科学知识涵括于一身，共同服务于一种指向人的完成的人文教育理想。研究算术，是为了观察、思考数的性质，"唤起思考的能力，引导心思去面向本质与实在"，使得心灵"超然于变幻的世界之上而把握着本质"，"把握真理"；学习几何学是为了引导灵魂接近真理和激发哲学情绪，以便了解"关于永恒存在的知识"，进而"掌握'善'的本质的形式"；天文学是为了思索宇宙的无限，学习天体的和谐运动，使得"思考的主体和思考的对象依照本性相象"；学习辩证法是为了把"零星学习的科目融会贯通"，"找出事物的关系""探究事物的本质"，使人的智慧和能力更趋完善，"最后能用纯理性来掌握'善'的本性"。[①]各门学科总的指向是人性的"善"，在善的实现中逐步获得人性的卓越与圆满。当不同学科都成为个体求真、崇善、爱美的通途，教育就由此而走向哲学。

拉丁文 humanitas，最早出现在古罗马作家如西塞罗和格利乌斯的著作中。西塞罗等用 humanitas 来表达一种教育理想，即通过教育而使人获得完整、丰盈、圆满的人性；也用这个词来表示具体的课程体系，即古罗马时代成为人即"公民"或"自由民"所必修的科目，包括哲学、语言、修辞、历史和数学等。古典人文学科的教育正是通向人性整

---

① 郑晓沧编：《柏拉图论教育》，人民教育出版社1958年版，第31—33、35、37、43、49页。

全的教育，教育走向哲学正是通过各门开启人生通向真、善、美的大门的学科来实现的。各门学科不仅仅是让人认识周围具象的各种事物，更是通过各种具象性的学习，来敞开个人通向世界的根本问题，去积极领悟世界之大全，从而敞开个人精神朝向世界大全的通道，把人生引向更高的实在，使人得以超越现实周遭的各种具象的事物，而走向精神与灵魂更高境界的真美善。如王国维所言，"'真'者，智力之理想，'美'者，感情之理想，'善'者，意志之理想也。完全之人物不可不具备真善美之三德"。①

从各门学科教学通向哲学的路径，一是增强人文学科的内容，并把人文课程的教学引向对世界基本问题和人性整全的路径之中，切实增强人文学科学习与教学的人文性；二是在科学课程教学中超越单纯的科学知识、技能、方法的教学模式，把个体引向对科学的世界观和方法论的领悟，启迪科学精神，让个体沿着科学的路径去追求科学之真，以及透过科学之真而发现世界的美，激发个人内心的善；三是加强人文课程与科学课程之间的沟通、融合，尽可能施以个体整全的知识教育，在不同学科的相互交流、渗透之中增进个人对世界整全的理解与把握，更好地引导个人对具体学科知识技能学习的超越，以达于对世界和人性整全的认识。这样，一方面，增加人文学科教育的内容，另一方面提升科学和技术教育的人文内涵，从而使得个人都能超越不同学科知识本身，而达于对真、善、美的追求，以及此三者指向的个体人格的完成这一主导性教育目标的认同。

"教育的目的，不只限于知识的传授，尤其是高等教育，其主要任务是教育学生思考。"② 教育应有超越于各学科知识之上的目的，让个体能立足于对具体知识的掌握而达到对世界与人生重要问题的思考与把

---

① 王国维：《王国维文集》第三卷，中国文史出版社 1997 年版，第 57 页。
② 智效民：《吴大猷谈通才教育》，《大学人文》第一辑，广西师范大学出版社 2004 年版。

握，从而使得审慎的人生成为可能。唯有相对完整的知识结构，才可能把个体引向对世界大全的认识，对于一个人而言，过早地被施与专才教育，无法让个体学会去面对整合，面对人生与世界的基本问题进行思考，个体就不可能超越具体事物而进行整体性的思考，很容易培养成为"会说话的奴隶、不会思考的机器"。① 尽可能地给予个体以相对完整的学科知识教育，加强个体的人文与科学通识教育，化知识为德性，在完整知识的引导下，让个体学会一步步与世界大全相悟对，教育才可能在此过程中一步步走向哲学形态的教育。

五、教育作为有灵魂的实践

　　早在 1912 年，蔡元培先生即提出五育的教育思想，在军国民教育、实利主义教育、道德教育此服务于现象世界的"三育"之上，提出服务于实体世界的世界观教育，并以美育辅之，作为沟通现象世界与实体世界的"津梁"。蔡元培先生正是试图以世界观作为整合适应现实政治需要的三育而达成个体完全人格的基本途径，从而把个体人格的完善作为教育的最高目的，所谓"教育者，则立于现象世界，而有事于实体世界者也。故以实体世界之观念为其究竟之大目的，而以现象世界之幸福为其达于实体观念之作用"。② 蔡元培的教育理想正是在充分考虑教育对现实社会生活适应的基础上，引导个体人心如何从现实羁绊中超越出来，"建立具有终极关怀、终极价值意义的理想（信仰、信念），陶冶情操，养成个体精神自由、独立的理想人格，最大限度地唤发起人的

---

　　① 智效民：《吴大猷谈通才教育》，《大学人文》第一辑，广西师范大学出版社 2004 年版。

　　② 高平叔编：《蔡元培教育论集》，湖南教育出版社 1987 年版，第 44 页。

内在的想象力与创造精神"，① 以臻于个体人格的完成。

教育必须成为一种有内在灵魂的实践，这一灵魂就是人的完成，就是个体人格的完整性发展，就是人性的不断趋于卓越。当教育偏离了走向哲学的最高旨趣，当学科知识的讲授指向的是职业生活的准备，当教育过程也越来越多地技术化，陶冶不再成为教育的核心理念，真、善、美不再成为不同学科的主导性目标，很可能就意味着"教育对人的职能化与工具化"，教育就成了"一种异化人的实现外在目的的工具"，当我们的教育越来越多地"失去了精神性的培育，越来越成为一种处置人的、算计人的手段，它只是造就人的物性、扩张人作为物和工具的性能，使人更多地物性地面对世界，技术性地对待、处理生活和生活世界"，② 教育不再执守"完全人物"的教育理念，教育也就越来越多地偏离了作为"心灵转向的艺术"，教育不再走向哲学，而成了钳制人心、束缚人格健全发展与完善的技术。当教育越来越多地成为一种训练，当各门学科的教育固执于自身，当哲学、政治等事关人生最重要事情的学科被下降为一般的技术性学科，现代教育的平庸化便毋庸质疑。

时至今日，我国的教育现代化业已走过百年历程。百年中国教育究竟给我们留下了什么，我们今天的教育实践沉积出了何种精神品格，我们在人性之卓越的教育理想之路上究竟走出了多远，这不能不作为我们今天认真反省的问题。当前，我国的教育改革正处于深化阶段，各种教育举措花样迭出，在大大地丰富了我们的日常教育生活空间的同时，我们究竟在何种程度上继承并超越了过去，是否具备了内在的灵魂，这难道不是一个问题?

---

① 钱理群:《学魂重铸》，文汇出版社 1999 年版，第 14 页。

② 金生鈜:《规训与教化》，教育科学出版社 2004 年版，第 3、362 页。

责任编辑:娜　拉　史　伟
封面设计:吴燕妮

图书在版编目(CIP)数据

教育的生活意蕴/刘铁芳著. —北京:人民出版社,2017
ISBN 978 - 7 - 01 - 018014 - 4

Ⅰ.①教…　Ⅱ.①刘…　Ⅲ.①教育研究　Ⅳ.①G40 - 03

中国版本图书馆 CIP 数据核字(2017)第 197339 号

教育的生活意蕴
JIAOYU DE SHENGHUO YIYUN

刘铁芳 著

人民出版社 出版发行
(100706　北京市东城区隆福寺街 99 号)

北京市昌平百善印刷厂印刷　新华书店经销

2016 年 11 月第 1 版　2017 年 8 月北京第 1 次印刷
开本:710 毫米×1000 毫米 1/16　印张:16.5
字数:235 千字

ISBN 978 - 7 - 01 - 018014 - 4　定价:56.00 元

邮购地址 100706　北京市东城区隆福寺街 99 号
人民东方图书销售中心　电话 (010)65250042　65289539